Graines germées

Pour être tenu au courant de nos publications, envoyez-nous vos coordonnées à :
La Plage
Rue du Parc
34200 Sète
Tél. : 04 67 53 42 25
Fax : 04 67 53 49 05
mél : edition@laplage.fr
www.laplage.fr

ISBN 2-84221-110-3
Conception couverture : Pascal Plottier
Imprimé à Barcelone sur les presses de Beta

Graines germées

Pré-germination • Jeunes pousses • Jus d'herbes

Valérie Cupillard

Photographies de Philippe Barret et Myriam Gauthier-Moreau

la plage
éditeur

Photographe et gourmet, **Philippe Barret** vit et travaille dans la Drôme. Il a illustré de nombreux ouvrages et collabore à diverses publications mettant en scène les recettes des plus grands chefs de cuisine et de pâtisserie.

Jeune photographe passionnée de cuisine et de produits bio, **Myriam Gauthier-Moreau** a participé à plusieurs ouvrages dans ce domaine. De la confection des recettes à la mise en lumière, elle aime évoluer dans ce monde de saveurs, de textures et de couleurs.

Valérie Cupillard

Auteur primée de nombreux livres de cuisine, Valérie Cupillard cuisine bio depuis plus de 15 ans. Elle élabore des recettes alliant gastronomie et préoccupations diététiques. Elle anime aujourd'hui conférences et ateliers pour faire connaître une nouvelle cuisine saine et bio. Retrouvez son actualité sur www.biogourmand.com

Du même auteur, aux Éditions La Plage

Assiettes végétariennes et plats uniques
Sauces bio
Soupes bio, saison par saison
Fêtes bio, recevoir au fil des saisons
Céréales et légumineuses, rapide et facile
Petits déjeuners bio
Desserts bio, saines gourmandises au fil des saisons
Cuisiner bio, mode d'emploi
Quinoa
Graines germées
Pâtés végétaux et tartinades
Manger moins de sucre
Sans gluten, naturellement
Desserts et Pains sans gluten
Sans lait et sans œufs
Huiles, équilibre oméga-3 / oméga-6

Avant-propos

Les graines germées font partie des ingrédients que l'on peut classer dans tout ce qui contribue à une alimentation vivante. Introduire dans nos menus les graines germées, les jus d'herbe, les algues, les oléagineux, les fruits et légumes frais et crus (et cultivés en bio) est l'une des meilleures façons d'apporter à l'organisme un excellent potentiel d'énergie.

Energétiques, riches en acides aminés, vitamines et oligo-éléments, les graines germées sont aussi reconnues pour leur richesse en fibres, en enzymes et pour leur rôle anti-oxydant et alcalinisant.

Des graines germées dans l'assiette font souffler un vent nouveau dans l'alimentation quotidienne. Elles donnent un ton gai et ludique aux menus tout en contribuant à notre équilibre nutritionnel.

Pour le palais, la rencontre est souvent innovante, étonnante... Les graines germées et leurs fines pousses nous invitent à une fantaisie décorative qui nourrit aussi le regard.

À la différence des aliments cuits, la consommation d'aliments vivants est quelque chose qui se « ressent », on en mange généralement moins en quantité ce qui se justifie par la richesse nutritionnelle des graines germées.

Avec l'expérience et au contact de ces aliments de grande qualité, on se met à sentir les périodes où l'on peut en avoir besoin, par petites touches ou par cures. Subtilement, les graines germées nous aident à mieux nous écouter et à connaître nos besoins alimentaires.

Les graines germées portent en elles une énergie de printemps, de poussée, de renouveau, de « germe ». Ce qui amène à penser, en toute logique, qu'elles vont donner au corps une information de « démarrage ». Voilà pourquoi les saisons de printemps et de début d'été (les périodes où elles poussent le plus facilement dans nos cuisines) ainsi que le matin au petit déjeuner (le début d'une journée peut ainsi bénéficier d'une énergie qui « pousse ») sont souvent de bons moments pour les consommer.

J'ai pris beaucoup de plaisir à me familiariser avec les graines germées et à élaborer des recettes pour mieux les goûter, je vous en souhaite tout autant...

Sommaire

Graines germées et santé

La germination transforme la graine et entraîne une série de modifications positives : les enzymes procèdent à une pré-digestion, l'amidon est transformé en composants plus simples à digérer, les taux de vitamines et d'oligo-éléments augmentent ! Après germination, la valeur nutritive des graines est décuplée et elles apportent à l'organisme des vitamines et des oligo-éléments que l'on peut considérer comme bio-disponibles.

Que trouve-t-on dans la composition des graines germées ?

Des protéines végétales !
Dans les germes de soja vert (haricots mungo) et de tournesol, de sésame, l'alfalfa et le brocoli...

Plus de fer !
Tout particulièrement dans le fenugrec, les lentilles, le cresson, les épinards, le fenouil, le sésame, la lentille corail, le brocoli, le quinoa...

Du magnésium
Dans le blé, les lentilles, le lin, les épinards, le sarrasin, le tournesol, le sésame...

Du calcium
Dans les lentilles corail, les azukis, le cresson, les épinards, le quinoa, le sésame...

Des vitamines du groupe B
Dans les blés, épinards, riz, lentilles...

Des acides gras essentiels
Dans les graines germées de tournesol, de sésame...

Du phosphore, du potassium, du cuivre
Se retrouveront notamment dans les blés, brocolis, carotte, choux, épinards, fenouil, fenugrec, poireau...

Des anti-oxydants
Surtout dans l'alfalfa, les blés, le brocoli...

Une richesse en vitamine C
Dans toutes les graines germées et particulièrement dans les lentilles, chou rouge, brocoli, alfalfa, cresson, roquette...

Les graines germées ont aussi un pouvoir alcalinisant. La consommation de céréales et légumineuses germées peut aider à maintenir ou rétablir l'équilibre acido-basique.

Les graines germées sont de véritables trésors nutritionnels... pour retrouver des études complètes et détaillées sur la composition des graines germées (taux de minéraux, vitamines etc...), reportez-vous au livre de Ludmilla de Bardo (cf. Bibliographie).

Graines germées ou jeunes pousses ?

Les graines germées se consomment pour certaines sous forme de germes, pour d'autres on attend que leurs deux premières feuilles apparaissent. Il s'agit d'optimiser la durée de germination pour chaque graine.

Dans un premier temps, la graine arrosée ou brumisée se perce d'un **germe**, riche du potentiel de la graine. Cette percée se fait à l'obscurité. Le germe est blanc et on peut le consommer ainsi.

En poursuivant quelque temps, la graine germée se transforme, elle s'enrichit de chlorophylle si on l'expose à la lumière. Des petites feuilles sortent et apparaît alors une **petite pousse**.

On atteint là en général le maximum du développement de la graine dans ces conditions de culture « hors sol ». Si on attend trop longtemps la graine germée va s'épuiser.

Généralement les céréales (blé, épeautre, sarrasin...), les oléagineux (sésame, tournesol, courge...) et les légumineuses (pois chiches, lentilles...) se consomment à l'état de germes d'environ 0,5 cm. Tandis que les graines de légumes ou d'aromates : fenouil, radis, poireaux, carottes, alfalfa, cresson, persil, coriandre, aneth, moutarde... se consomment à l'état de graines germées à feuilles (petites et fines pousses vertes d'environ 3 cm).

La consommation de certaines graines peut s'étaler tout au long de leur développement, du germe à la jeune pousse. C'est le cas du tournesol, que l'on peut le goûter à l'état de germe ou, si l'on souhaite privilégier l'apport en chlorophylle, à l'état de jeune pousse.

Pour certaines céréales comme le blé ou l'orge, on peut envisager une vraie culture sur sol pour récolter l'herbe (riche en chlorophylle) et la passer dans un extracteur particulier, de façon à en recueillir le jus tout en ôtant les fibres qui sont incompatibles avec notre système digestif.

Graines germées et fines pousses se trouvent à présent toutes prêtes en barquette au rayon frais bio. La présentation de panachés de graines germées est très intéressante pour goûter à plusieurs graines, elles sont toutes très différentes. C'est selon les goûts de chacun, mais on peut conseiller pour commencer l'alfalfa, fine et légère, au goût délicat et aussi les jeunes pousses de tournesol, pour leur croquant et leur fraîcheur.

Prenez soin de choisir des barquettes de graines germées très fraîches, les couleurs doivent être franches et toniques. Si la chaîne du froid n'a pas été respectée, si elles ont été dans une atmosphère humide et stagnante, elles risquent de développer une odeur peu agréable. Vous verrez vite que si les pousses sont flétries et molles, elles sont sans intérêt ! Sous cette présentation, le choix des graines germées est grand et il est fort agréable de pouvoir goûter si facilement à tant de saveurs : radis, oignon, fenouil, fenugrec, tournesol, lentilles, brocoli, chou rouge, blé, haricot mungo (soja), alfalfa...

Les jus d'herbe d'orge ou de blé

Dans d'autres conditions que celles du bocal ou du germoir qui permettent d'obtenir des graines germées et des fines pousses, on peut faire pousser certaines céréales comme le blé, l'orge, l'épeautre ou le kamut jusqu'au stade d' « herbe ». Le grain de céréale est transformé par le contact de l'eau, de l'air et de la lumière (soleil) en herbe qui n'a plus les mêmes composants, l'herbe de blé par exemple, ne contient plus de gluten.

La consommation de ces herbes se fait exclusivement sous forme de jus, c'est la façon la plus adaptée pour notre système digestif. Trop riches en fibres, il faut un appareil de type particulier pour assurer le broyage de ces herbes sans les altérer, il est par exemple indispensable d'éviter toute source d'échauffement pour extraire leur jus.

Riches en oxygène et surtout en chlorophylle, les jus d'herbe ont aussi l'avantage d'être alcalinisants.

Le jus d'herbe de blé

Cette culture demande une certaine organisation et aussi de la place pour orchestrer chez soi (bien qu'une terrasse puisse suffire) l'échelonnement des semis des graines dans des bacs de compost ou de terreau.

Une fois que le blé en herbe a atteint 15 à 20 cm, on le taille pour le passer dans un extracteur qui nous permettra de recueillir son précieux jus, riche en chlorophylle.

Le jus frais de blé se boit aussitôt réalisé et en petite quantité. Il peut s'agir de cures ou d'un complément nutritionnel naturel pris au quotidien à certaines périodes de la vie. Les bienfaits des cures de jus d'herbe de blé sont nombreux et ceux qui y ont goûté le considèrent comme un véritable jus de jouvence ! Il faut dire que l'herbe de blé est constituée d'environ 70% de chlorophylle, de vitamines (dont la provitamine A, vitamines B, C...), des huit acides aminés essentiels, de minéraux et oligo-éléments.

Le jus d'herbe de blé se consomme immédiatement après son extraction. Si vous ne vous lancez pas de cette culture, sachez que vous pourrez quand même y goûter dans certains restaurants bio et bars à jus diététiques qui proposent maintenant ces cocktails verts.

Le jus d'herbe d'orge

L'herbe d'orge peut être cultivée de la même façon que le blé dans des bacs de terreau ou du compost que l'on exposera sur un balcon ou au jardin. Elle est taillée lorsqu'elle atteint entre 8 à 10 cm et passée dans un extracteur pour recueillir son jus sans les fibres qui risqueraient d'irriter notre système digestif.

À défaut d'en faire la culture, il existe une alternative en utilisant du jus d'herbe d'orge en poudre. Le jus d'herbe que vous pourrez ainsi reconstituer se consommera en cures sous forme de boisson ou comme complément nutritionnel quotidien à certains moments de l'année ou de la vie. Ce qui paraît le plus intéressant dans cet aliment, c'est la synergie entre tous ces composants qui en font un cocktail santé des plus complets.

Comment utiliser le jus d'herbe d'orge ?
Le jus d'herbe d'orge est conditionné en poudre et il est très facile à trouver en magasins bio. C'est celui que j'ai utilisé pour réaliser les recettes des pages 114 à 117. Sous cette forme instantanée, son utilisation est pratique et souvent adaptée aux contraintes de nos emplois du temps...
En cuisine, on peut l'incorporer dans des sauces froides, en diluant au préalable la poudre dans un peu d'eau. On en fait des sauces de couleur tonique qui se fondent particulièrement bien dans les assiettes printanières.

Faire germer des graines chez soi

Si vous vous passionnez pour la saveur des petites graines germées, vous franchirez facilement le pas de les faire pousser vous-même. Petits et grands y prennent vite plaisir ! Là aussi, on peut conseiller les graines d'alfalfa aux débutants, elles poussent très facilement, il y a aussi le tournesol et les lentilles...

• Achetez des graines à germer garanties biologiques et pour commencer le plus simplement possible, utilisez un bocal en verre type pot à confiture. Prévoyez que les graines une fois germées vont prendre du volume. En général, 2 ou 3 cuillerées à soupe rases de graines dans un bocal suffisent largement. Préparez plusieurs bocaux de graines à germer à un jour d'intervalle, ainsi vos récoltes vont s'échelonner.

• Jetez les graines qui vous paraissent abîmées, placez celles que vous aurez choisies dans le pot en verre et couvrez-les largement d'eau. Posez un morceau de mousseline très fine de coton (tulle, gaze...) sur le pot et faites-le tenir avec un élastique. S'il s'agit de petites graines, ce sera très utile pour les rincer et les égoutter facilement, maintenant s'il s'agit de graines plus grosses (tournesol, pois chiches...), vous pouvez tout aussi bien utiliser une petite passoire. Privilégiez une eau de source pour le trempage et l'arrosage de vos petites graines.

• Laissez ainsi une première nuit.
Ce temps de trempage d'une nuit est variable selon la grosseur des graines. Les graines d'alfalfa, de radis... n'ont besoin que de 3 ou 4 heures tandis que les graines de pois chiches, de haricots mungo, de soja... auront besoin de plus de 10 heures.
Lorsqu'il s'agit de variétés de graines de grosseurs différentes, faites-les germer séparément car elles n'ont pas le même temps de germination.

Mémo
- **Des graines biologiques saines et sans brisures**
- **Un temps de trempage dans une eau de source ou purifiée**
- **Des rinçages soigneux**
- **Un temps de germination en atmosphère humide**
- **Une température ambiante entre 18° et 22°**
- **Un peu de lumière sans ensoleillement direct**

• Le lendemain, rincez soigneusement plusieurs fois au travers de la mousseline avec une eau de source ou une eau filtrée.

• Égouttez les graines et laissez-les dans leur bocal avec seulement un film d'eau. Elles ont juste besoin d'être dans une atmosphère humide. Posez le bocal un peu penché pour éviter une eau stagnante et pour que l'air circule.

• Rincez les graines au moins deux fois par jour, matin et soir, plus souvent s'il fait chaud et si vous avez l'impression que le bocal s'assèche. Il faut toujours que les graines trouvent de l'humidité mais sans pour autant en être saturées. Il est important aussi qu'elles se trouvent dans une atmosphère protégée d'où l'intérêt d'une mousseline ou d'un couvercle percé de petits trous.

• Pour les grosses graines, comme celles de tournesol, de courge, de lentilles... après trempage, il est plus pratique de les étaler dans une assiette en posant un couvercle en verre dessus pour maintenir l'humidité tout en laissant passer la lumière. Les graines ont ainsi plus d'espace pour pousser, l'idéal étant d'utiliser une assiette « à radis » (assiette percée de trous et posée sur une assiette plate).

• Le temps de germination est variable selon la dureté de la graine, entre la percée du petit germe et les premières et minuscules feuilles d'une jeune pousse il peut y avoir 2 à 6 jours. La température idéale est autour de 20°. Le début de la germination peut se faire à l'abri de la lumière. Mais dès que l'on atteint le stade des petites pousses, pour développer la chlorophylle, placez les bocaux dans un endroit clair et lumineux, à l'abri toutefois d'un rayonnement solaire direct.

• Une fois obtenues, les graines germées se consomment rapidement, vous pouvez stopper leur évolution en les plaçant au frais tout en veillant à ce qu'elles ne stagnent pas dans une atmosphère humide et non aérée.

• Quand vous changez l'eau qui les humidifie, rincez-les pour ôter les enveloppes des graines (alfalfa, lentilles, tournesol...) qui peuvent avoir tendance à noircir. La façon de procéder est basique mais demande des rinçages attentifs pour ne pas abîmer les fines pousses.

Comment conserver les graines à germer ?

Fermez les sachets ou placez-les dans des bocaux et conservez-les à l'obscurité. Généralement, je conserve les graines au frigo, ainsi dès qu'elle sont sorties et mises au contact d'un milieu humide, elles se réveillent vite... Comme les graines bio sont non traitées, si vous les conservez dans un placard, attention aux mites en été !

L'idéal pour la consommation de ces petites graines est bien sûr d'obtenir une production étalée et limitée en quantité (n'en faites pas trop à la fois), de cette façon vous vous assurez une dégustation échelonnée et toute fraîche.

Peut-on conserver les graines, une fois germées ?

Une fois que les graines germées sont prêtes à être consommées, vous pouvez stopper leur évolution en les plaçant au frigo. Laissez-les dans un bocal à peine humide et aéré (couvercle à petits trous), continuez à les rincer à l'eau de source un jour sur deux. Je me suis aperçu qu'elles se conservaient mieux si elles sont bien égouttées, voire même séchées un peu en les passant par exemple dans une essoreuse à salade (pour les pousses peu délicates !). De cette façon vous pourrez les conserver en moyenne 5 jours selon les variétés.

Si vous avez choisi d'acheter les graines germées toutes prêtes, en barquette au rayon frais, faites confiance à votre impression pour les conserver. Il s'agit de petites pousses qui doivent rayonner de « vitalité », elles doivent faire envie, être appétissantes et sentir « frais » !

Consommer les graines germées

Toujours à cru pour respecter et profiter de tous leurs bienfaits.

Deux exceptions : pour certaines graines germées il est conseillé de les consommer seulement après un bref passage à la vapeur ou ébouillantées (pour éliminer certains composants indigestes), c'est le cas des graines germées de lentilles vertes et de pois chiches. Ainsi préparées, elles seront mieux assimilées.

Lesquelles choisir ?

Les graines d'alfalfa, de chou rouge, de brocoli, fenugrec, fenouil, radis, moutarde... produisent des pousses fines et tendres... L'idéal pour accompagner les crudités.

Le tournesol, la lentille corail, le sésame entier, la courge... sont des graines que l'on pourra consommer dès que le germe pointe. Toutes tendres, elles se croquent facilement nature et on peut les parsemer sur tous les plats.

Tandis que les graines de lentilles vertes, de haricot mungo (dit de soja), d'azukis... offrent des germes plus gros. Seules ces dernières pourront éventuellement être saisies très rapidement dans une cuisson au wok, par exemple.
Pour donner à vos recettes une inspiration asiatique, faites sauter très brièvement des germes de soja ou de jeunes pousses de tournesol...

Pour une utilisation pratique et facile à orchestrer, dosez vos graines à germer de façon à échelonner leur consommation au fil de leur croissance. Commencez par les déguster en graines germées puis terminez lorsqu'elles sont devenues des petites pousses vertes.

Le trempage des graines

Pour amorcer le processus de germination, on place les graines en contact avec l'eau, c'est le temps du « trempage », cette opération « réveille » la graine et élimine les inhibiteurs d'enzymes qui la protégeait naturellement pendant sa conservation et lui évitait une germination hors saison. C'est pourquoi le rinçage est indispensable pour éliminer ces composants.

Veillez à la qualité de l'eau, on conseillera d'utiliser une eau pure, une eau de source, une eau filtrée voire osmosée.

Ce temps de trempage est parfois assez court, 2 à 3 h seulement par exemple pour amorcer la germination du sésame complet ou du tournesol. Et ces graines se dégustent dès que l'on aperçoit le petit germe pointer.

Voici un ordre d'idée pour envisager les temps de trempage :

Nul besoin de trempage pour :

- Le basilic
- Le cresson
- Le lin
- La moutarde
- Le pourpier
- La roquette

Prévoir une demi-journée de trempage pour :

- L'alfalfa (luzerne)
- Le brocoli
- Le céleri
- Les choux
- L'épinard
- Les lentilles corail
- Le navet
- Les radis (rose, blanc, noir)
- Le sarrasin
- Le sésame complet (entier)
- Le tournesol décortiqué
- Le quinoa

Comptez une nuit de trempage pour :

- L'aneth
- L'ail
- L'avoine
- Les blés (épeautre, kamut)
- La carotte
- Le cerfeuil
- La coriandre
- La courge
- Le fenouil
- Le fenugrec
- Les lentilles vertes
- L'oignon
- Le persil
- Le poireau

Pour certaines graines, il faut prévoir un temps de trempage un peu plus long, une nuit et une demi-journée, c'est le cas pour :

- L'azuki
- Les pois chiches
- Le riz
- Le soja vert (haricot mungo)

Ces graines germées se destinent plutôt à la cuisson (douce et très brève) sauf celles de soja vert (haricot mungo).

La pré-germination avant cuisson des céréales et légumineuses

Faire tremper des graines dans l'eau permet d'amorcer le processus de germination. Les graines dont le germe pointe ou est prêt à sortir deviennent plus faciles à digérer et cuisent donc plus vite ! Pour ces raisons, les légumes secs comme l'azuki, les lentilles vertes ou les pois chiches gagnent à être trempés à l'avance avant cuisson.

Sur le même principe vous pouvez aussi faire pré-germer des céréales à cuire, comme l'amarante, le millet, le sarrasin ou le quinoa... Faites-les tremper au moins 1 nuit avant de procéder à une cuisson soit à la vapeur ou en cocotte à fond épais sur feu doux.

Pour une question d'ordre pratique, les graines que l'on met à tremper peuvent être consommées de différentes façons. Si vous faites tremper un saladier de pois chiches, une partie pourra être destinée à la cuisson donc simplement pré-germée, tandis que l'autre partie continuera son évolution et sera consommée en graines germées.
On peut ainsi optimiser ces opérations de trempage en enchaînant légumes secs (ou céréales) pour la cuisson et légumes secs (ou céréales) à consommer germés.

L'exemple des pois chiches

Mettez un saladier de pois chiches à tremper pendant une nuit et une demi-journée, le lendemain rincez et changez l'eau. Prélevez les trois quart des graines et mettez-les à cuire (pour faire un hoummos, un curry aux légumes, un couscous etc...).
Une cuisson douce (en cocotte à fond épais) durera au moins 45 minutes. Ces graines là auront simplement été pré-germées.
Pour les pois chiches restants, démarrez une vraie germination. Rincez-les régulièrement. Après 3 jours, ils seront prêts à être consommés. Cette fois-ci vous pouvez en faire cuire une partie à la vapeur douce pour une salade, pour accompagner du riz... et la cuisson durera moins de quinze minutes !
Pour les pois chiches germés que vous souhaitez consommer à cru, blanchissez-les simplement dans une eau bouillante.

Cuisson douce des pois chiches (après 1 nuit et 1 demi-journée de trempage)

La pré-germination, l'ajout d'une algue au pouvoir émollient et d'aromates aux propriétés digestives vont transformer les habitudes de cuisson !

1 bol de pois chiches - 20 à 30 g d'algue kombu fraîche conservée au sel - 1 feuille de laurier, une pincée de sarriette ou 1 pincée de cumin ou de carvi

Versez la valeur d'un bol de pois chiches dans un saladier, couvrez largement d'eau, au moins deux bols d'eau.
Laissez tremper une nuit, les pois chiches vont gonfler. Le lendemain, rincez, changez l'eau et laissez tremper encore quelques heures.
Avant de procéder à la cuisson, rincez à nouveau, les germes pointent et percent la graine.
Versez-les dans une casserole à fond épais, couvrez-les d'eau et placez sur feu réduit.
Rincez un morceau d'algue kombu fraîche conservée au sel. Coupez-la en petits bouts à l'aide de ciseaux ou sur une planche à découper avec un couteau bien aiguisé.
Ajoutez cette algue aux pois chiches, elle les rendra plus tendres. Une feuille de laurier, une branche ou une pincée de sarriette, viendront compléter l'assaisonnement. Pour une note plus orientale, choisissez quelques graines de cumin ou de carvi.
Continuez la cuisson sur feu doux pendant 45 minutes environ.

Cuisson vapeur des pois chiches (après 3 jours de germination)

Versez la valeur d'un bol de pois chiches dans un saladier, couvrez largement d'eau, au moins deux bols d'eau.
Laissez tremper une nuit, les pois chiches vont gonfler. Le lendemain, rincez, changez l'eau et laissez tremper encore quelques heures.
Rincez et égouttez. Étalez les pois chiches dans une assiette à radis (assiette à petits trous) ou une large passoire (non métallique) à fond plat. Ils doivent s'étaler sur une seule couche sans être tassés. 3 ou 4 fois par jour, passez l'assiette sous le jet d'eau fraîche pour rincer et arroser les pois chiches. Videz le trop-plein d'eau dans la coupelle, ne laissez pas d'eau stagner en dessous. Le germe des pois chiches perce de plus en plus et pousse pour atteindre environ 0.5 cm, ils sont alors prêts à être consommés.
Rincez et versez les pois chiches germés dans le panier pour une cuisson douce à la vapeur dans une cocotte à fond épais. 10 minutes suffisent, ils seront tendres et fondants.

Pois chiches germés à consommer crus

Après 3 jours de germination, les pois chiches germés peuvent être consommés presque « à cru ».
Faites chauffer une casserole d'eau. Lorsqu'elle est bouillante, versez les pois chiches germés pour les blanchir à peine quelques secondes. Égouttez-les.
Ils sont prêts à être consommés.

Choisir un germoir

Pour se lancer dans la germination, il existe différents systèmes de germoirs que vous trouverez en magasins bio et qui vous permettront d'organiser votre propre petite production de graines germées :

Les germoirs à étages

Dans ce type de germoir, les barquettes en plastique sont percées et se superposent pour une production échelonnée.
Les modèles en plexiglas sont, semble-t-il, plus compatibles avec l'usage alimentaire, ils sont faciles à laver et le rinçage des graines se fait simplement.
Veillez à choisir un modèle où les paniers de germination permettent aussi une bonne aération.
Après chaque semis, il s'agit de bien nettoyer à la brosse tous les angles (de ce point de vue, les plateaux ronds sont plus pratiques !) et les perforations.

Mini Greenhouse de Biosnacky - www.bioforce.fr

Croq'punch de Lima - www.limafood.com

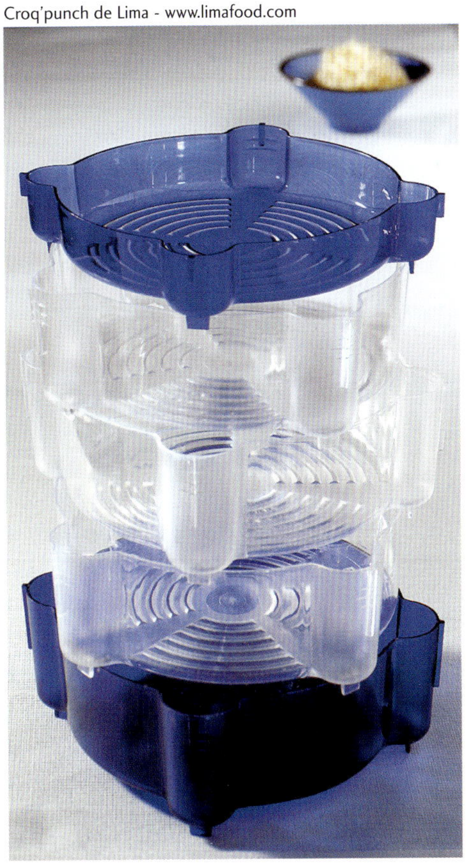

Les germoirs façon mini-serre

Non seulement esthétique, ce type de germoir à étages également en plexiglas, permet un bon volume de culture en toute transparence. Pour une utilisation familiale. Selon les marques, les perforations des plateaux sont plus ou moins grosses et de formes différentes pour éviter que les minuscules graines ne restent coincées.

Les germoirs en terre cuite

Ils ont l'avantage d'être réalisés dans une matière saine. La terre cuite régule l'humidité de façon naturelle et « respire ». Simplement comme dans tous les germoirs, il ne faut pas oublier d'arroser ou de brumiser régulièrement les graines pour éviter que les racines qui se sont insinuées dans les trous ne sèchent.
Il faut veiller à une bonne circulation de l'air et effectuer des nettoyages soigneux en brossant les coupelles entre chaque semis.

Les coupelles en céramique avec des petits picots

Ces petites assiettes sont hérissées de mini pointes qui retiennent les germes lorsque les graines ont commencé à pousser. Cela convient pour les toutes petites graines (type alfalfa) et les mini productions (pour une personne).

Germoir en terre de Max Labbé - Tél. 01 34 48 09 43

Mini-serre Biosnacky « Domed Greenhouse » - www.bioforce.fr

Les supports pour des bocaux aux couvercles percés

C'est la façon la plus basique pour cultiver ses petites graines dans la cuisine. Cela prend peu de place, c'est simple, on les pose à côté de l'évier pour bien penser à rincer, à humidifier. Cela marche très bien avec les graines à germer les plus faciles : alfalfa, lentilles roses et vertes, haricots mungo... Évitez de trop secouer les bocaux dès que les germes ont poussé pour éviter de les endommager.
Selon les marques, les couvercles perforés sont en inox ou en plastique alimentaire. Évitez absolument des couvercles avec grille en métal qui pourraient s'oxyder.

« L'arbre germoir »

C'est un germoir d'un type particulier, il a été conçu pour les graines mucilagineuses. Il s'agit d'un support en terre cuite recouvert d'une fine couche de coton sur lequel on fait adhérer les petites graines qui poussent en formant un gel collant. C'est le cas des graines de lin, de pourpier, de cresson, de basilic... qui sont ainsi humidifiées par capillarité. Un germoir assez spécifique pour les amateurs d'expériences.

Les germoirs avec arrosage automatique et intégré

Un système novateur : tout se fait tout seul ! Programmateur, pompe, filtre à charbon, buse d'arrosage... sont intégrés dans une cocotte (en terre cuite ou en inox) et c'est automatiquement que les graines sont arrosées avec une eau filtrée.

www.davidson-distribution.com

Germoir électrique - www.ecogerme.com

Les fines pousses sont appétissantes, pleines de vigueur et perlées de « rosée »… L'investissement financier n'a rien à voir avec les autres types de germoirs, c'est un achat motivé par une approche complètement orientée sur une alimentation vivante. Avec une telle fraîcheur et un tel rendement, il s'agit de mettre les graines germées à chaque menu.
Sans manipulation, à température constante et avec un arrosage sous brumisation, les graines germées et les fines pousses sont respectées.

Les germoirs « maison »

Vous pouvez très bien commencer la grande aventure de la germination avec pour seul équipement un pot en verre et une passoire.
Vous pourrez améliorer le système en recouvrant un bocal de verre d'une tulle retenue par un élastique ou de son couvercle en plastique préalablement troué à la perceuse.

Également les « assiettes à radis » (percées de petits trous) permettent de tenter l'expérience graines germées, on les trouve chez les artisans céramistes ou dans certains services à vaisselle.

À noter que la culture en germoirs avec bacs ou plateaux de germination est un système qui respecte la polarité de la jeune pousse ce qui n'est pas le cas de la culture en bocaux ou à chaque rinçage les graines germées sont un peu « chahutées ».

Comment faire germer l'alfalfa ?

Pour commencer, c'est ma préférée. Son temps de germination est d'environ 4 jours, on obtient vite un résultat et c'est très agréable !
Pour récolter la valeur d'une belle poignée de fines pousses d'alfalfa, placez 2 grosses cuillerées à soupe de graines dans un bocal à confiture, couvrez largement d'eau de source. Laissez tremper une demi-journée.
Ensuite, pour servir de filtre, posez un carré de mousseline sur l'ouverture du pot en le maintenant avec un élastique, rincez et égouttez.
Plusieurs fois par jour, rincez les graines, faites couler de l'eau de source au travers de la mousseline et videz-la de façon à laisser une atmosphère humide. Tournez le pot et posez-le à plat pour que les graines humides restent collées sur les parois.
Au début (la première journée), le bocal peut être placé dans un endroit peu éclairé, ensuite placez-le dans un endroit lumineux (lumière naturelle) mais non ensoleillé pour permettre aux pousses de verdir. Choisissez un endroit où vous pourrez facilement vous en occuper. Quand vous y pensez (2 à 5 fois par jour), remplissez d'un peu d'eau, rincez et égouttez.
Si les graines germées vous semblent trop à l'étroit dans le bocal, étalez-les dans une assiette à radis (une assiette percée de petits trous !) ou une large passoire (non métallique) et posez un couvercle en verre tout en prenant soin de laisser l'air circuler sur les côtés de façon à maintenir une atmosphère humide.
Les germes ont environ 2 centimètres lorsque les petites feuilles vertes apparaissent... Fines et aériennes, ces petites pousses se consomment alors qu'elles ont atteint entre 2 et 3 cm de hauteur.

Comment faire germer les graines de tournesol décortiqué ?

L'avantage du tournesol, c'est qu'on peut le croquer dès que le germe pointe. C'est très rapide et en plus, il offre deux possibilités de dégustation très différentes : en germe et en jeunes pousses. Deux façons de s'en régaler.

Le temps de germination des graines de tournesol décortiquées est d'environ 3 jours.

Placez 4 grosses cuillerées à soupe de graines de tournesol dans un bocal à confiture, couvrez largement d'eau de source. Laissez tremper une demi-journée.

Après ces quelques heures de trempage, rincez tout en frottant les graines entre vos doigts. Des petites peaux se détachent, comme elles surnagent, il est facile de les jeter en rinçant. Vous pouvez déjà les goûter à ce stade, juste trempées.

Égouttez, posez un carré de mousseline sur l'ouverture du pot en le maintenant avec un élastique, cela permet de conserver une atmosphère humide.

Tournez le pot de façon à ce que les graines humides se collent le long des parois du bocal. Retournez-le et posez-le de manière inclinée pour éviter toute stagnation d'eau, appuyez-le contre le mur, l'ouverture posée sur le couvercle par exemple.

Vous pouvez aussi étaler les graines égouttées dans une assiette en posant un couvercle en verre par dessus.

Pendant les jours suivants, procédez à des rinçages et arrosages à l'eau de source 2 fois par jour.

Commencez à déguster les graines une fois que les germes ont poussé et font moins d'un demi-centimètre. Si vous attendez encore un à deux jours de plus et en utilisant des graines de tournesol non décortiquées, deux petites feuilles vertes apparaissent, vous obtenez alors des pousses à consommer.

Comment faire germer les lentilles ?

Versez 5 à 6 cuillerées à soupe de lentilles vertes (celles du Puy ont une saveur un peu plus concentrée et caractéristique) dans un bol et rincez-les soigneusement pour ôter d'éventuels petits grains de sable ou minuscules cailloux.
Mettez les lentilles dans un bocal à confiture, couvrez-les d'eau de source (au moins trois fois leur volume car elles vont gonfler) et laissez-les tremper une nuit.

Le lendemain, rincez-les jusqu'à ce l'eau ne soit plus colorée ou mousseuse. Laissez-les dans le bocal après l'avoir tourné de façon à faire adhérer les graines humides aux parois en verre. Vous pouvez aussi étaler les lentilles dans une assiette en laissant seulement un peu d'humidité et couvrir avec un couvercle en verre. Arrosez à l'eau de source et rincez au moins deux fois par jour. Dès que le germe de quelques millimètres apparaît, vous pouvez commencer à les croquer.
Si on trouve aux lentilles vertes germées un goût un peu fort, un bref passage à la vapeur permettra de les adoucir. Si on prolonge un peu trop la poussée des lentilles, elles deviennent fibreuses et sont moins agréables à consommer.

Si vous choisissez des lentilles corail, une demi-journée de trempage suffit.
Dès que le germe de quelques millimètres apparaît, vous pouvez commencer à les croquer. La couleur est alléchante et le germe leur donne une saveur fraîche et tendre. Elles sont bien plus douces et digestes que les lentilles vertes. La lentille corail se consomme crue dès que le germe apparaît ou lorsque la fine pousse s'est développée et atteint 2 ou 3 cm.

Comment faire germer le quinoa ?

Rincez le quinoa en brassant les graines qui ont tendance à surnager. Pour commencer très simplement, utilisez un large bocal de verre type pot à confiture. En général, 3 ou 4 cuillerées à soupe de graines dans un bocal suffisent largement.
Placez-les dans le pot en verre et couvrez-les complètement d'eau de source. Posez un morceau de mousseline très fine de coton (tulle, gaze...) sur le pot et faites-le tenir avec un élastique. Comme il s'agit de toutes petites graines, ce sera très utile pour les rincer et les égoutter facilement.

Laissez ainsi tremper pendant 2 à 4 heures puis rincez à l'eau de source au travers de la mousseline ou égouttez-les à l'aide d'une petite passoire. Laissez-les dans leur bocal dans une atmosphère juste humide. Tournez le bocal de façon à faire adhérer les graines de quinoa aux parois. Posez le bocal un peu penché, l'ouverture vers le bas, pour éviter une eau stagnante et pour que l'air circule.

Rincez les graines au moins deux fois par jour. Pour les rincer sans les abîmer, recouvrez-les largement d'eau pour leur faire prendre un « bain ». Cela permet de démêler les graines quand elles sont très emmêlées et d'éviter le développement éventuel d'une fermentation. Égouttez-les tout en les étalant le long des parois du bocal pour éviter les amas. Le temps de germination du quinoa est entre 2 et 3 jours, mais entre la percée du petit germe et l'apparition des premières et minuscules feuilles d'une fine pousse, il peut y avoir 2 à 6 jours. On peut déguster le quinoa dès que le germe pointe. Ensuite, la fine pousse se consomme rapidement, dès qu'elle atteint 2 ou 3 cm elle à tendance à s'étioler.

Comment faire germer le fenugrec ?

Rincez les graines de fenugrec avant de les faire tremper dans de l'eau de source pendant une nuit dans un bocal. Mettez environ 3 ou 4 cuillerées à soupe de graines.

Le lendemain, changez l'eau qui s'est colorée. Rincez et égouttez.

Posez un morceau de mousseline très fine de coton (tulle, gaze...) sur le pot et faites-le tenir avec un élastique (ou fermez avec un couvercle percé de petits trous). Tournez le bocal de façon à faire adhérer les graines aux parois et posez le bocal un peu penché, l'ouverture vers le bas, pour éviter une eau stagnante et pour que l'air circule.

Rincez les graines deux ou trois fois par jour pour éliminer le gel qu'elles produisent et qui les colle entre elles.

Le temps de germination du fenugrec est d'environ 3 jours pour obtenir simplement du fenugrec germé. Pour obtenir les feuilles d'une fine pousse, il faut prolonger la culture et compter au moins une semaine. Lorsqu'on atteint ce stade et si la pousse est vigoureuse, la conservation au frigo pendant quelques jours est possible, à condition de bien « essorer » les fines pousses. Pour cela, j'utilise un petit essore-salade pour les sécher avant de les remettre dans un bocal au frais.

Les différentes graines germées

Une petite graine qui pousse explose et atteint en quelques temps le maximum de son développement dans les conditions qu'on lui impose. En bocal ou germoir, les graines germées atteignent toutes à un certain moment une limite à partir de laquelle elles ont épuisé leurs réserves (puisqu'elles ne sont pas en terre). On estime donc pour chaque graine qu'il y a une « taille limite » pour la consommer à son meilleur taux de nutriments.

C'est une affaire de ressenti, selon les conditions qui entourent les petites graines que vous mettrez à germer, vous apprendrez à reconnaître les meilleurs moments pour les consommer ou pour stopper la germination.
Les durées de germination sont variables et oscillent selon la température de la pièce, de la saison, la qualité de l'arrosage... aussi je ne les indique pas forcément, cela va d'une journée (la courge par exemple) à une dizaine de jours (fenouil, coriandre..). J'ai souvent préféré indiquer la taille de la graine germée à maturité pour donner une idée du meilleur moment pour la récolte.

Ail

Les fines pousses se consomment vers 3 ou 4 cm. Leur saveur relevée se glissera par petites « touches » sur les plats. On considère les pousses d'ail comme étant plus digestes que les gousses.

Alfalfa (luzerne)

La graine d'alfalfa pousse facilement et se consomme vers 3 cm. Joliment fine, son goût léger plaît à tous. On conseille de bien rincer les fines pousses pour les débarrasser de leur petite enveloppe marron.

Aneth

Les fines pousses se consomment autour de 2 ou 3 cm. Leur saveur est fraîche et anisée. Un vrai bonheur aromatique.

Avoine

La consommation peut s'étaler de la sortie du germe à la jeune pousse. Les graines germées se goûteront crues ou passées à la vapeur. Pour les pousses, on attend qu'elles atteignent environ 2 cm.

Azukis

Ces haricots secs se font tremper pour une pré-germination (qui va les rendre plus digestes) et on procède ensuite à une cuisson douce. Les graines germées qui ont atteint 0.5 cm peuvent se consommer crues.

Blé, épeautre, kamut

Doux et sucrés, les blés germés se consomment dès que le germe pointe. On peut étaler la consommation de la graine germée à la jeune pousse (d'environ 1 cm).
Le blé germé peut aussi se déguster après un bref passage à la vapeur.
Lorsqu'il est en herbe (de 10 à 15 cm de hauteur), le blé se consomme exclusivement en jus (extracteur spécifique) et en toutes petites quantités.

Brocolis

Les fines pousses se consomment dès qu'elles atteignent 2 à 3 cm. Pour développer la chlorophylle, il faudra les placer à la lumière du jour à partir du 3ème ou 4ème jour.

Carotte
Ce n'est pas la plus facile et sa germination dure plus d'une semaine. La carotte se consomme lorsque les pousses font au moins 4 cm et que les feuilles apparaissent.

Céleri
Parfumé, on le consomme sous forme de petites pousses de 2 cm.

Chou rouge
Les petites pousses offrent une jolie couleur et on les consomme lorsqu'elles atteignent 2 à 3 cm. Pour adoucir leur goût typé on leur associera d'autres fines pousses comme celles d'alfalfa.

Cresson / Cressonnette
Mucilagineuses, ces graines forment un gel au contact de l'eau. Pour leur culture, le bocal ne convient pas, choisissez plutôt un plateau, un support sur tissu de coton ou sur un « arbre germoir ». On les déguste en petites pousses d'environ 4 cm après les avoir exposées à la lumière du jour afin de développer la chlorophylle.

Épinard
Comptez plus d'une semaine pour obtenir des fines pousses vertes d'environ 2 cm. À consommer immédiatement après un soigneux rinçage.

Fenouil
Léger et parfumé, on attendra que les petites pousses atteignent 3 cm pour les déguster. Une saveur anisée très agréable à marier.

Fenugrec
Lorsqu'on met les graines à tremper, c'est un parfum d'épice assez puissant qui se dégage. Il disparaît au fil de la germination. Les graines trempées produisent également une sorte de gel. Le fenugrec peut se consommer pour son germe après environ 3 jours de germination, le goût est assez fort. Pour obtenir la formation des petites feuilles, il faut prévoir au moins une semaine de germination, lorsque la pousse fait environ 2 cm, on l'apprécie pour son parfum plus aromatique.

Haricots mungo
On les appelle communément « germes de soja » ou « pousses de soja », parce qu'ils sont de la famille du soja vert. Le soja vert est très différent du soja jaune que l'on connaît et qui est utilisé pour la fabrication du tofu ou du lait de soja. Ils n'ont pas les mêmes caractéristiques nutritionnelles ni connu les mêmes transformations. Pour éviter les confusions, ce que l'on appelait « germes de soja » est maintenant fréquemment renommé « pousses de haricots mungo ». La germination est facile et on consomme les pousses lorsqu'elles atteignent 2 ou 3 cm. (cf. soja vert)

Lentilles vertes
On les fait tremper pour une pré-germination qui va les rendre plus digestes pour procéder ensuite à une cuisson douce. Leur culture est facile pour obtenir aussi bien des graines germées de quelques millimètres que des jeunes pousses avec petites feuilles. Les graines en germes crus ont un goût plutôt fort, pour les adoucir et les rendre aussi plus tendres à digérer, on les passera 5 minutes à la vapeur douce. Quant aux pousses, elles se consomment quand elles font entre 2 et 3 cm en prenant soin de bien les rincer pour ôter les petites enveloppes protectrices des graines.

Lentilles corail
Elles germent facilement et sont très agréables à croquer nature dès que leur petit germe pointe (2 ou 3 mm). Il faut bien les rincer jusqu'à ce que l'eau blanchâtre devienne claire. Plus douces à digérer que les vertes, il n'est pas utile de les ébouillanter pour blanchir les germes. Elles sont aussi plus riches en fer et calcium. On les déguste en germes ou en pousses comme les lentilles vertes.

Lin
Au contact de l'eau, les graines produisent un gel collant. Ces graines mucilagineuses correspondent bien à la culture sur un arbre germoir. On les déguste juste germées ou en pousses vertes d'environ 4 cm.

Millet entier
Les petites graines rondes et non décortiquées donneront des petites pousses vertes, à consommer autour de 2 ou 3 cm.

Moutarde
On retrouve sa particularité piquante lorsqu'on la déguste en petites pousses d'environ 4 cm.

Oignon
Petite graine noire, l'oignon donne une jeune pousse bien verte d'environ 2 cm à la saveur corsée et piquante.

Poireau
Une minuscule graine noire qui met du temps à se réveiller, comptez une dizaine de jours. Les petites pousses se consomment lorsqu'elles font entre 3 et 4 cm. Leur goût très présent relève les plats, une petite pincée suffit.

Pois chiches
On les fait tremper pour une pré-germination qui va les attendrir, on procède ensuite à une cuisson douce classique.
Les pois chiches se consomment uniquement en germes d'environ 0.5 cm et une cuisson brève est indiquée : les graines germées seront juste ébouillantées ou passées quelques minutes à la vapeur pour qu'elles soient digestes. Les pois chiches germés ont un goût très doux et une texture fondante. Limite de germination : maximum 3 jours.

Quinoa
On peut déguster le quinoa dès que le germe pointe. Ensuite, la fine pousse se consomme rapidement, dès qu'elle atteint 2 ou 3 cm elle à tendance à s'étioler. Son goût est léger, sa texture tendre, c'est une graine facile et agréable à consommer. Le temps de germination est entre 2 et 3 jours, mais entre la percée du petit germe et l'apparition des premières et minuscules feuilles d'une fine pousse, il peut y avoir 2 à 6 jours.

Radis rose
Les pousses vertes ont une saveur piquante et poivrée. À utiliser presque comme un aromate pour relever les plats ou à mélanger avec d'autres graines germées. Se consomme autour de 3 cm.

Radis noir
Les fines pousses font 2 ou 3 cm quand on les récolte pour ajouter par petites touches leur saveur forte et typée dans les assiettes de crudités. L'idéal est de marier les graines de radis avec d'autres graines germées aux pousses plus douces (alfalfa par exemple).

Riz complet

On le consomme en germes ou en petites pousses vertes quand elle ont 2 cm. Dans les deux cas une cuisson brève est conseillée : à la vapeur ou bien au wok si vous faites sauter en même temps des légumes.

Roquette

Les pousses d'environ 3 cm se caractérisent par un goût bien piquant. Les graines mucilagineuses ne se destinent pas à une culture en bocal, choisissez plutôt un plateau ou un arbre germoir. À rajouter en petites touches sur les salades, c'est parfait avec le mesclun. Légèrement décrudis dans un potage chaud elles seront moins fortes.

Sarrasin

Une très jolie graine à facettes. Les graines entières et décortiquées (le kasha qui est un sarrasin grillé, donc précuit, ne convient pas) sont mises à tremper et le rinçage sera soigneux car l'eau devient visqueuse. Pour réussir sa germination, égouttez bien le sarrasin, il a peu besoin d'eau. Comptez seulement 2 ou 3 jours pour le consommer avec un germe de quelques millimètres.

Sésame entier (complet)

Trempé la veille, on le consommera « prégermé » ou lorsque le germe sort d'à peine 1 mm. Limite de germination : maximum 2 jours. Ensuite, il a tendance à devenir amer.

Soja vert

Les germes que l'on appelle couramment « de soja » sont issus du haricot mungo, une variété de soja vert (à différencier du soja jaune avec lequel on fabrique le lait de soja ou le tofu). Les germes de soja se consomment lorsqu'ils ont bien poussé, en enlevant les petites peaux vertes, le goût est moins fort. (cf. haricot mungo)

Tournesol

Le tournesol décortiqué est facile à faire germer et à consommer. Il est doux et tendre en germes de quelques millimètres. En rinçant les graines germées, frottez-les doucement pour ôter la plupart des petites peaux. Avec des graines non décortiquées, si le tournesol atteint le stade de jeunes pousses, ce sont deux petites feuilles d'un vert craquant qui apparaissent autour de 3 cm.

Un pain aux graines germées, le pain essène

Il est réalisé avec des céréales germées qui ont été réduites en purée et la pâte obtenue a été séchée sous une chaleur douce pendant plusieurs heures.
Ces petits pains énergétiques sont très denses, faciles à emporter en randonnée et ils se conservent plusieurs semaines. Vous les trouverez tout prêts en magasins bio. Mélangés à la pâte de grains germés, il y a parfois des raisins ou d'autres fruits secs, des oléagineux... qui viennent apporter un goût plus sucré. Sur ce principe, vous pouvez réaliser des galettes de céréales pour remplacer le pain. Les céréales sont mises à germer puis mixées, la pâte est ensuite étalée finement et séchée au four à température très douce pendant plusieurs heures. Si vous souhaitez vous lancer dans ce type de préparation, voyez certains ouvrages plus spécifiques (cf. Bibliographie).

Consignes

Sauf mention contraire, les proportions sont prévues pour 4 personnes.

Mesures
Il convient de choisir un verre pour mesure qui correspond à 15 cl.

Cuisson
Les temps de cuisson au four et l'indication du thermostat correspondent à un four électrique de 35 litres. La correspondance thermostat / degrés Celsius est de 30° (thermostat 6 = 180°). Sauf mention contraire, les recettes ne nécessitent aucun préchauffage du four à vide.
Les temps de cuisson des recettes vapeur ou à l'étouffée sont donnés de manière indicative pour une réalisation en cocottes ou sauteuses « à fond épais » prévues pour des cuissons douces – afin de préserver vitamines et minéraux.

Tous les ingrédients utilisés dans les recettes se trouvent aisément en magasins ou coopératives bio.

Pour certaines recettes utilisant de la margarine, le choix se porte sur des margarines végétales non hydrogénées.

Nota - Dans mes recettes, j'ai choisi d'éviter les produits laitiers au profit de toutes les alternatives végétales. Mais si vous choisissez d'utiliser du lait de vache, cela ne change rien aux proportions, suivez les indications données pour le « lait » végétal.

Les graines germées

à l'apéritif

Jus de tomates au fenouil

Épluchez et épépinez les tomates, mettez-les en morceaux dans le bol mixeur avec les fines pousses de graines de fenouil germé. Comptez une à deux cuillerées à soupe de pousses de fenouil par tomate. Mixez en fine purée, diluez en ajoutant de l'eau, une pincée de sel. Dégustez aussitôt.

Vous pouvez aussi préparer un jus de tomates en les passant entières à l'extracteur de jus ou à la centrifugeuse. Savourez aussitôt en parsemant de fines pousses de graines de fenouil germées : pour un verre de jus de tomates, la valeur d'une cuillère à soupe.

Jus de jeunes carottes de printemps à l'alfalfa

Brossez les carottes et passez-les à l'extracteur de jus (ou à la centrifugeuse), décorez chaque verre de jus de carottes d'une pincée de fines pousses d'alfalfa germé.

Jus de carottes et céleri au fenugrec

Brossez une demi-douzaine de carottes et coupez un bâton de céleri branche en tronçons, passez à l'extracteur de jus (ou à la centrifugeuse). Déposez sur chaque verre de jus de légumes, une pincée de fines pousses de fenugrec germé, cela donne une tonalité plaisante à la fois pour les yeux et le palais.

Le cocktail rouge

Brossez 4 carottes et épluchez 1 petite betterave crue (de la taille d'une orange). Passez-les à la centrifugeuse ou à l'extracteur de jus. Sur chaque verre, déposez la valeur d'une cuillerée à soupe de fines pousses de graines de chou rouge germées qui ont une très jolie couleur.

Tartinettes de crudités au blé germé

Pour des apéritifs tout à fait printaniers, remplacez les toasts par des rondelles de carottes et jonglez avec d'autres graines germées pour les garnir.

2 carottes
une dizaine de radis
3 c. à s. de purée de noix de cajou
6 c. à s. bombées de blé germé

Épluchez les carottes. Nettoyez les radis.

Détaillez les légumes en rondelles. Pour les radis, tranchez-les en biais de façon à obtenir de plus larges tranches.

Dans un petit bol, versez la purée de noix de cajou, salez très légèrement, diluez en ajoutant juste une cuillerée d'eau et incorporez le blé germé. Malaxez bien le tout et déposez une noisette sur chaque rondelle de légume.

Ce mélange peut aussi être passé dans un petit mixeur pour obtenir une pâte bien homogène qui sera à consommer aussitôt.

Laitue de mer et alfalfa sur toasts de riz soufflé ›

Les galettes de riz soufflé font des toasts légers dont le goût laisse complètement la place à la garniture. Elles existent aussi en mélange riz - sarrasin, riz - quinoa ou riz - lentilles, ce qui leur donne une saveur un peu plus relevée.

5 ou 6 galettes de riz soufflé
margarine végétale ou de la purée d'amandes blanches
fleur de sel ou sel rose
1 morceau de laitue de mer fraîche conservée au sel
5 c. à s. bombées de fines pousses d'alfalfa germé

Rincez et essorez la laitue de mer (la valeur d'une tasse à café). Froissez un morceau dans une main et à l'aide de ciseaux, détaillez-la en tout petits bouts ou utilisez un couteau bien tranchant sur une planche à découper.

Tartinez les galettes de riz soufflé avec une fine couche de margarine végétale ou de purée d'amandes blanches, puis garnissez de laitue de mer ciselée.
Étalez avec le plat du couteau. Déposez quelques grains de fleur de sel ou du sel rose puis quelques pincées de fines pousses d'alfalfa.

Croque de polenta au sésame

Dans cette recette de petits canapés apéritifs, le sésame pré-germé est devenu tout tendre et apporte une note très douce.

125 g de polenta (semoule de maïs)
1/2 litre d'eau
1 c. à c. de sel
90 g de sésame complet

Une demi-journée avant, faites tremper le sésame dans de l'eau de source. Rincez en utilisant une fine passoire.

Préparez la polenta, versez la semoule de maïs, délayez avec l'eau froide et placez sur feu doux. Remuez fréquemment jusqu'à épaississement de la polenta, laissez cuire ainsi 10 minutes.

Salez, éteignez le feu et ajoutez le sésame pré-germé. Étalez la polenta sur une couche d'environ un centimètre dans un grand plat à four en verre ou en porcelaine huilé. Laissez refroidir, placez au frigo.

Quelques heures plus tard, la polenta a figé, coupez des cubes que vous disposez à l'envers (c'est le côté le plus lisse, celui qui était au fond du moule huilé) dans des assiettes avec des petits piques apéritif en bois. On peut aussi les servir en entrée avec une salade verte.

Mousse à tartiner aux noisettes et fenugrec ›

Une crème noisettée à tartiner sur des toasts ou pour garnir des feuilles d'endives à l'apéritif... et un petit toupet de graines germées à la fois pour décorer et relever la dégustation. Variante : le fenugrec pourra être remplacé par l'alfalfa.

1 pot de 235 g de crème de soja épaisse
4 c. à s. d'huile de noisettes
1 / 2 verre de noisettes entières décortiquées
6 c. à s. bombées de fines pousses de fenugrec germé
2 ou 3 endives ou des toasts de pain de petit épeautre (engrain)

Faites dorer à sec dans une poêle les noisettes entières et décortiquées. Lorsqu'elles ont refroidi, hachez-les grossièrement dans un petit mixeur pour obtenir des noisettes concassées finement.

Délayez la crème de soja épaisse avec l'huile de noisettes, salez légèrement, ajoutez les noisettes hachées.

Coupez la base des endives et effeuillez délicatement. Garnissez chaque feuille avec une petite cuillerée. Ou étalez sur les toasts de pain complet.

Déposez une belle pincée de pousses de fenugrec sur chaque toast.

Dip pour trempette de légumes

Une sauce toute fondante à servir frais sur le buffet des entrées pour accompagner des crudités.

3 c. à s. de purée de noix de cajou
1 pot de 400 g de fromage blanc de soja
5 c. à s. de sésame germé
sel

assortiment de crudités :
1 ou 2 carottes
1 courgette
1 bâton de céleri

Versez la purée de noix de cajou dans un bol, elle doit être suffisamment fluide (à température ambiante) pour se mélanger facilement. Ajoutez-lui trois ou quatre cuillerées de fromage blanc végétal, mélangez bien pour obtenir une crème onctueuse. Salez et ajoutez le restant de fromage blanc de soja. Remuez. Placez au frais jusqu'au moment de servir.
Au dernier moment, incorporez les graines de sésame germé.

Lavez les légumes et détaillez-les en bâtonnets que vous disposez dans une coupe. Proposez le dip en accompagnement.

Crème d'avocat au tournesol germé ›

Une crème façon guacamole qui est enrichie par les tendres graines de tournesol. Variante : on peut aussi les rajouter après avoir mixé l'avocat si on souhaite les garder entières pour un léger croquant.

2 avocats
1/2 jus de citron
sel aux herbes
4 c. à s. bombées de tournesol germé
1 petit oignon blanc

Coupez les avocats en quartiers, ôtez leur peau et leur noyau, mettez-les en morceaux dans un mixeur. Ajoutez le jus de citron, du sel, l'oignon épluché et les graines de tournesol germées.

Réduisez en purée et servez aussitôt en crème à tartiner sur des toasts ou avec des crudités.

Canapés paprika et chou rouge ›

Disposés sur un plateau à l'apéritif, les canapés de polenta ont été dorés dans l'huile d'olive, coiffés d'une noisette de crème au paprika et d'un toupet de pousses de chou rouge...

125 g de polenta (semoule de maïs)
1/2 litre d'eau
1 c. à c. de sel
huile d'olive

6 à 8 c. à s. de fines pousses de graines de chou rouge germées
6 c. à s. de crème de soja épaisse
2 pincées de paprika, sel

Dans une casserole, versez la semoule de maïs, délayez avec l'eau froide et placez sur feu doux. Remuez fréquemment jusqu'à épaississement de la polenta, laissez cuire ainsi 10 minutes. Salez et versez dans un moule en couronne huilé. Placez au frigo.

Quand la polenta a refroidi, elle fige et peut se découper en tranches.

Versez un peu d'huile d'olive dans une grande poêle et faites dorer les rondelles de polenta. Procédez en plusieurs fois en comptant 2 ou 3 cuillerées d'huile par poêlée.

Posez les tranches de polenta sur un papier absorbant. Laissez refroidir.

Préparez la sauce en remuant énergiquement la crème de soja avec le sel et le paprika.

Déposez une noisette de crème sur chaque rondelle de polenta et terminez par une pincée de pousses de chou rouge. Servez aussitôt.

Les graines germées

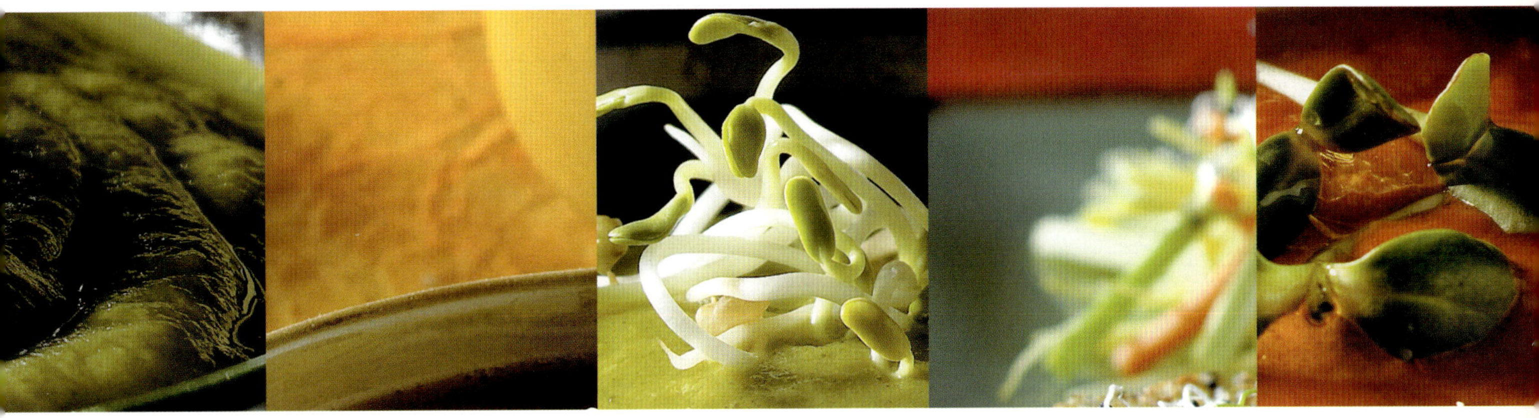

dans les soupes et veloutés de légumes

Velouté de petits pois et radis

Les petits pois font un délicieux velouté au goût sucré que les piquantes jeunes pousses de radis viennent aiguiser tandis que l'huile de sésame apporte rondeur et douceur.

800 g de petits pois frais
5 c. à s. de fines pousses de graines de radis germées
4 c. à s. d'huile de sésame
sel

Faites chauffer une casserole d'eau. Quand elle est bouillante, versez les petits pois. Laissez-les cuire 5 à 10 minutes.

Versez les petits pois dans le bol mixeur du robot, recouvrez-les juste à fleur avec une partie du bouillon. Salez et mixez afin d'obtenir un velouté onctueux.

Versez dans les assiettes, nappez d'un filet d'huile de sésame, déposez un dôme de fines pousses de graines de radis germées.

Velouté de carottes anisé ›

La saveur des carottes se marie agréablement au goût anisé des petites pousses de fenouil.

5 carottes
1 blanc de poireau
5 c. à s. bombées de fines pousses de graines de fenouil germées
4 c. à s. d'huile de carthame

Brossez les carottes et détaillez-les en rondelles, ainsi que le blanc de poireau. Couvrez d'eau bouillante et faites cuire à feu doux moins de 20 minutes.

Mixez en fin velouté, salez légèrement et versez dans les assiettes.

Placez un petit dôme de fines pousses de graines de fenouil germées au centre des assiettes et versez un filet d'huile de carthame.

Potage chinois aux germes de haricots mungo

Les pousses de haricots mungo sont celles que l'on appelle couramment les « germes de soja ».
Variante : vous pourrez rajouter une poignée de vermicelles de riz pour obtenir un potage plus consistant.

1,5 litre d'eau
1 oignon
1 carotte
2 champignons shiitake frais
2 c. à s. d'algues séchées en paillettes
5 c. à s. de germes de haricots mungo
50 g de tofu
sel, sauce de soja
facultatif : quelques feuilles de coriandre frais

Portez l'eau à ébullition. Râpez l'oignon et la carotte. Émincez les champignons. Versez les légumes et les algues en paillettes dans l'eau bouillante. Faites cuire 10 minutes.

Coupez le tofu en minuscules dés d'un demi-centimètre de côté, ajoutez-les dans le potage avec les germes de soja. Éteignez le feu. Salez très légèrement le potage pour que chacun rajoute la sauce de soja à sa convenance. Parsemez de coriandre ciselé.

Dégustez chaud.

Velouté de courgettes et fenugrec ›

Ce velouté de courgettes est servi comme une crème très douce parfumée discrètement au curcuma. Pour l'accompagner, j'ai choisi les pousses de fenugrec germé à la saveur puissante et au parfum oriental.

1 kg de courgettes
2 verres d'eau (30 cl)
4 c. à s. de fines pousses de fenugrec germé
1 c. à s. d'huile d'olive
sel, 1 pincée de curcuma

Lavez et coupez les courgettes en rondelles. Dans une cocotte à fond épais, versez l'huile d'olive et le curcuma, remuez sur feu doux quelques secondes puis rajoutez les courgettes et l'eau. Couvrez et faites cuire 20 minutes.

Lorsque les courgettes sont fondantes, versez-les avec le jus de cuisson dans le bol mixeur du robot. Salez et réduisez en crème. Si la consistance est trop épaisse rajoutez un peu d'eau.

Servez chaud en parsemant chaque assiette de fines pousses de fenugrec germé.

Soupe de tomates aux germes de lentilles corail

Les lentilles corail germées sont douces et croquantes, une façon d'animer la dégustation de cette crème de tomates liée et parfumée grâce à la crème de quinoa.

6 tomates bien mûres
4 c. à s. d'huile d'olive
1 feuille de laurier
1 pincée de marjolaine
3 c. à s. de crème de quinoa (farine précuite)
30 cl d'eau
sel
4 grosses c. à s. de lentilles corail germées

Épluchez les tomates, si elles sont bien mûres la peau s'enlève facilement, sinon posez-les quelques minutes avant dans un panier à la vapeur.

Coupez-les en morceaux et faites-les revenir dans une casserole avec l'huile d'olive, la feuille de laurier et la pincée de marjolaine pendant une dizaine de minutes en remuant fréquemment.

Dans un bol, délayez la crème de quinoa en lui incorporant l'eau peu à peu. Versez dans les tomates et remuez jusqu'à ce que la crème de quinoa fasse le liant. Salez, ôtez la feuille de laurier, versez dans le bol mixeur du robot et réduisez en velouté.

Servez chaud dans les assiettes et parsemez de lentilles corail germées.

Gaspacho de poivrons rouges aux 2 tournesols ›

Un velouté façon crème qui pourra se servir à l'apéritif dans de petits verres ou comme une entrée accompagnée de toasts. Les graines de tournesol sont utilisées dans cette recette en germes et en pousses, les uns mixés dans la soupe, les autres ajoutés en décoration. Une façon de goûter la graine germée à deux stades différents.

3 poivrons rouges
3 c. à s. d'huile d'olive
1 gousse d'ail
1 verre de 15 cl d'eau
sel
6 c. à s. de tournesol germé
4 c. à s. de jeunes pousses de tournesol
facultatif : huile d'argan

Détaillez les poivrons rouges en lamelles, mettez-les à cuire dans une cocotte à fond épais sur un feu très doux avec la gousse d'ail et l'huile d'olive. Après 10 minutes de cuisson, remuez pour bien enrober les poivrons et versez un verre d'eau.

Continuez la cuisson à petit feu. Lorsque les poivrons sont fondants, versez-les avec le jus et le tournesol germé dans le bol mixeur du robot. Salez et réduisez en crème.

Servez tiède ou froid dans des coupes et décorez de jeunes pousses de tournesol. Nappez d'un filet d'huile d'argan, une huile aux chauds parfums évoquant la cuisine du Sud.

Crème légère de poireaux à l'ail

Ce velouté de poireaux est obtenu grâce au tofu soyeux (un tofu qui a la consistance d'un flan et s'achète en barquette au rayon frais bio), qui lui donne beaucoup de douceur. Les fines pousses d'ail relèvent bien les saveurs et je leur associe des amandes effilées pour un léger croquant.

3 poireaux
sel
1/2 c. à c. de curcuma
2 c. à s. d'huile d'olive
400 g de tofu soyeux
3 c. à s. de fines pousses de graines d'ail germées
3 c. à s. d'amandes effilées

Coupez et lavez les poireaux tranchés en rondelles. Versez l'huile d'olive et le curcuma dans une cocotte à fond épais, placez sur feu doux tout en remuant pour réchauffer l'épice. Ajoutez les poireaux, couvrez et laissez cuire à l'étouffée sur feu doux pendant 15 à 20 minutes.

Versez le tofu soyeux dans le bol mixeur du robot, salez et ajoutez les poireaux cuits. Mixez en crème et versez dans la casserole pour réchauffer doucement la préparation sans la faire bouillir.

Mettez les amandes effilées dans une poêle à sec sur feu doux, elles vont dorer en quelques secondes.

Versez la crème de poireaux dans de petits bols ou des verres et parsemez de quelques fines pousses de graines d'ail germées et d'amandes effilées.

Minestrone de lentilles germées ›

Les soupes de légumes détaillés en petits cubes s'agrémentent facilement de graines germées de légumineuses. C'est une façon de proposer une soupe plus complète.

2 courgettes
1 carotte
2 poignées de haricots verts
1 poignée de pâtes (macaronis, coquillettes...)
3 c. à s. d'huile d'olive
quelques feuilles de basilic
5 c. à s. bombées de lentilles vertes germées

Faites chauffer deux litres d'eau, dès qu'elle est bouillante, plongez les haricots verts effilés et coupés en petits tronçons d'un ou deux centimètres. À la suite, ajoutez les courgettes non épluchées et coupées en dés ainsi que la carotte pareillement détaillée.

Maintenez une cuisson sur feu doux pendant 10 minutes puis ajoutez une poignée de pâtes et salez. Éteignez le feu dès qu'elles sont *al dente*.

Ciselez les feuilles de basilic dans la soupe chaude, ajoutez les lentilles germées et versez un filet d'huile d'olive. Servez chaud aussitôt.

Les sauces

aux graines germées

Sauce à salade au tamari et tournesol germé

Une sauce qui remplacera les vinaigrettes, sa texture très agréable ressemble, pour exemple, à une sauce épaisse à la moutarde.
Son goût relevé accompagnera les feuilles d'endives, les poireaux vapeur, la salade frisée, les carottes et betteraves râpées...

5 c. à s. de tournesol germé
1 c. à s. de tamari (sauce de soja)
2 c. à s. d'huile de tournesol
le jus d'un demi-citron

Dans un petit mixeur à persil, broyez les graines de tournesol en germes en leur ajoutant le tamari. Puis incorporez l'huile de tournesol et plus ou moins de jus de citron, selon les goûts.
Mixez bien de façon à obtenir une consistance de crème onctueuse et liée.

Sauce aux lentilles corail germées ›

Huile de noix et parfum de cumin s'associent à la texture fondante et à peine croquante des lentilles corail en germes. Une sauce à napper sur les céréales (riz, sarrasin, quinoa...) ou à utiliser avec les crudités (betteraves ou carottes râpées, salade...).

6 c. à s. de lentilles corail germées
4 c. à s. d'huile de noix
sel
2 pincées de cumin en poudre

Rincez et égouttez les lentilles germées.
Dans un petit bol mélangez l'huile de noix, le cumin en poudre et le sel, ajoutez les lentilles corail. Mélangez bien et servez en accompagnement d'une céréale.

Mayonnaise au sésame germé

Entièrement végétale, cette sauce montée comme une mayonnaise accompagne parfaitement les légumes vapeur, en particulier le potimarron ou la courge, les carottes et brocolis... les pommes de terre en robe des champs.

3 grosses c. à s. de purée d'amandes blanches
le jus d'un demi-citron
3 à 8 c. à s. de lait de riz
1 c. à s. de sésame germé
sel

Versez la purée d'amandes et le jus de citron dans le bol d'un petit mixeur, brassez brièvement. La purée d'amandes devient très épaisse, ajoutez alors trois cuillerées à soupe de lait de riz pour monter la sauce. Salez, ajoutez encore un peu de lait de riz. Brassez à nouveau brièvement.
Ajoutez un peu de lait de riz si la sauce est trop épaisse, ne mixez jamais longtemps.

C'est une mayonnaise qui se réalise en quelques secondes. Quand elle a atteint la consistance désirée, ajoutez le sésame germé bien égoutté. Mélangez.

Coulis d'hiver couleur corail ›

Ce coulis de courge est délicieux lorsque la chair du légume est bien dense et donne une pulpe fondante. C'est une sauce que j'utilise pour napper les galettes végétales, les pâtes et toutes les céréales.

800 g de courge
1 blanc de poireau
250 g de champignons de Paris
2 c. à s. d'huile d'olive (facultatif)
une noix de margarine végétale
3 c. à s. de lentilles corail germées

Épluchez la courge et coupez-la en petits morceaux dans une sauteuse à fond épais. Ajoutez le poireau tranché en rondelles et placez sur feu très doux en ajoutant simplement l'huile d'olive (facultatif) et trois cuillerées d'eau.

Pendant ce temps, préparez les champignons. Faites chauffer une poêle avec la margarine, lorsqu'elle est chaude versez les champignons coupés en fines lamelles. Remuez sur feu vif. Salez et poivrez.

Quand la courge est cuite, en remuant elle fond littéralement en purée. Versez-la dans un mixeur pour obtenir une purée bien lisse et épaisse.
Selon l'utilisation que vous souhaitez faire de cette sauce, les champignons peuvent être rajoutés en lamelles dans le mélange courge-poireaux ou mixés en même temps (faites-les toujours revenir avant, c'est plus goûteux !).
Au dernier moment, mélangez les lentilles corail germées dans le coulis.

Crème d'aubergines blanches

Les aubergines blanches rappellent le fondant des champignons surtout si on les fait revenir dans l'huile d'olive avec un peu d'ail et de persil... Dans cette recette, je rajoute des pousses de fenugrec pour donner un côté un peu relevé ou de cressonnette si on souhaite conserver une note plus douce.

2 aubergines blanches
2 gousses d'ail
6 c. à s. d'huile d'olive
au moins 5 c. à s. de crème de soja liquide
5 c. à s. de fines pousses de fenugrec germé
(ou de cressonnette)

Épluchez ou non (si la peau est très fine, c'est souvent inutile) les aubergines, détaillez-les en petits dés.

Dans une sauteuse, versez l'huile d'olive, ajoutez les morceaux d'aubergine, les gousses d'ail, mélangez et couvrez. Laissez cuire sur feu doux en remuant de temps en temps jusqu'à ce que les aubergines soient fondantes. Salez. Versez-les dans le bol mixeur et réduisez en mousseline en incorporant la crème de soja liquide.
Après cuisson, les aubergines vont donner une consistance plus ou moins épaisse, rajoutez la crème de soja liquide en fonction.

La crème peut se servir tiède sur des toasts en parsemant de fines pousses de fenugrec germé ou de cressonnette. Si elle est dégustée froide, mélangez avec les pousses au dernier moment pour accompagner une assiette de crudités, des légumes farcis...

Coulis de fenouil au sarrasin germé ›

Un léger coulis à napper sur les pâtés végétaux, sur les pâtes comme des raviolis farcis au tofu ou aux légumes... Ou à déguster encore chaud dans une petite tasse comme un velouté qui fera office d'amuse-bouche en début de repas. Le sarrasin germé est doux et sa saveur un peu farineuse s'accommode bien avec le fenouil mixé en mousseline.

2 petits fenouils (environ 300 g)
4 c. à s. de sarrasin germé
sel aux herbes

Tranchez le bout des bâtons s'ils sont un peu fibreux, coupez la base des fenouils en tirant sur les fils des côtes extérieures pour les enlever.
Coupez les fenouils en quartiers et procédez à une cuisson à la vapeur pendant 15 minutes environ.

Recueillez 15 cl de bouillon sous le panier vapeur (s'il s'agit de fenouils bio on peut récupérer le jus de cuisson) et versez-le dans le bol mixeur du robot. Ajoutez les fenouils et mixez jusqu'à obtention d'une purée fluide.

Versez dans les assiettes en accompagnement et parsemez de sarrasin germé.

Sauce mousseline aux graines germées de moutarde

Une sauce légère qui réserve la surprise de petites pousses au goût piquant et corsé. Cette sauce à base de soja (le tofu soyeux est un tofu très souple à la consistance de flan présenté en barquette au rayon frais bio) peut vous permettre d'équilibrer un plat de céréales accompagné de petits légumes vapeur.

200 g de tofu soyeux
100 g d'huile d'olive
sel, poivre
1/2 c. à c. de curcuma
3 c. à s. de fines pousses de moutarde germée

Posez le bol mixeur du robot sur une balance pour mesurer le poids de tofu soyeux, versez également l'huile d'olive à concurrence de 50 g. Mixez quelques secondes pour obtenir une préparation homogène.
Salez, poivrez, poudrez de curcuma, ajoutez à nouveau 50 g d'huile d'olive. Mixez longuement, la préparation gonfle et devient mousseuse, goûtez si l'assaisonnement est à votre goût.
Versez dans un bol et gardez bien au frigo jusqu'au moment de servir. Un instant avant, incorporez les fines pousses de moutarde germée.

Voir aussi p. 100 dans le chapitre des Graines germées et des « fromages » végétaux : Blanc battu aux fines pousses

Les compositions crues

aux graines germées

Mesclun au persil plat

Pour enrober cette salade aux fines pousses, une sauce légèrement sucré-salé. Variante : la sauce au jus de prunes umébosis (voir la recette en page 82) convient aussi très bien.

1 saladier de mesclun (mélange de salades)
1 petite poignée de persil plat
5 à 6 c. à s. bombées de graines germées à petites feuilles de votre choix : fines pousses d'alfalfa, fenugrec, fenouil, chou rouge, roquette, cressonnette...

pour la sauce :
1 c. à s. de vinaigre balsamique
1 c. à c. de sirop de riz
4 à 5 c. à s. d'huile de tournesol
sel

Mélangez le sirop de riz avec le vinaigre balsamique, délayez en incorporant l'huile en plusieurs fois. Salez.

Versez les feuilles de salade dans le compotier, effeuillez le persil et parsemez de graines germées à petites feuilles. Mélangez avec la sauce et servez aussitôt.

Salade aux tendres feuilles d'épinards et tournesol germé, sauce citronnette ›

À ce mélange, vous pouvez rajouter aussi quelques feuilles de salade verte ou remplacer la mâche par de la laitue.

1 poignée de roquette
1 poignée de feuilles tendres d'épinards (les feuilles du cœur)
2 poignées de mâche
5 c. à s. de tournesol germé

pour la sauce :
1 c. à c. de jus de citron
4 à 5 c. à s. d'huile de tournesol
sel

Lavez les épinards et sélectionnez seulement les toutes jeunes feuilles du cœur, celles qui sont petites et tendres.

Dans un saladier, préparez la sauce en émulsionnant le jus de citron avec l'huile, salez légèrement. Après avoir rincé la mâche et la roquette, essorez toutes les feuilles et mélangez-les dans la sauce. Parsemez de tournesol germé.

Salade de graines germées au tofu

Dés de tofu lacto-fermenté et graines germées font de cette salade un mélange plein d'énergie, riche en enzymes et en vitamines. Le tofu lacto-fermenté se trouve mélangé à des petits légumes et conservé sous huile (rayon frais bio).

1 salade frisée
6 c. à s. de tournesol germé
4 c. à s. de fines pousses d'alfalfa germé (ou de fenouil)
1 pot de 200 g de tofu lacto-fermenté en marinade

Lavez et préparez les feuilles de salade. Dans un saladier, coupez le tofu en petits dés et versez la moitié de la marinade qui vous servira de sauce pour la salade.

Mélangez avec la salade frisée en incorporant les fines pousses d'alfalfa et le tournesol germé.

Salade râpée moitié-moitié au chou rouge ›

Des couleurs vitaminées du plus bel orangé pour le potimarron et la carotte râpés, ponctuées par les minuscules pousses rosées de chou rouge.

1/4 d'un petit potimarron (100 g)
2 carottes
5 ou 6 c. à s. pleines de fines pousses de graines de chou rouge germées

pour la sauce soja au gomasio :
1 c. à c. de sauce de soja (tamari ou shoyu)
6 c. à c. d'huile d'olive ou tournesol
1 c. à c. de gomasio

Versez la sauce de soja et incorporez l'huile d'olive une cuillerée après l'autre, ajoutez le gomasio et remuez bien pour que la sauce soit liée.

Brossez les jeunes carottes.
Si sa peau est un peu dure, coupez le potimarron en tranches pour l'éplucher plus facilement. Râpez-le comme les carottes avec une grille fine. Mélangez avec la sauce, parsemez de fines pousses de chou rouge.

Rouleaux de printemps, sauce miso-cacahuètes et mousse de betterave ›

Chaque rouleau de printemps est réalisé dans une feuille de riz doublée d'une bande de nori. Cela permet non seulement d'obtenir un goût original et iodé mais aussi de créer un joli contraste décoratif dans cette assiette haute en couleurs ! La betterave mélangé à un fromage blanc végétal est transformée en mousse d'une belle couleur pourpre tandis que les feuilles de laitue accueillent les minuscules graines blanches de quinoa germé.

la mousse de betterave
100 g de betterave crue
100 g de fromage blanc de soja
1 petit oignon blanc ou cébette
2 c. à s. d'huile de colza
sel

la salade
1 laitue
1 gousse d'ail
1 c. à c. de jus de citron
3 ou 4 c. à s. d'huile de tournesol
4 grosses c. à s. bombées de quinoa germé

les rouleaux de printemps
8 feuilles de riz fraîches ou réhydratées
2 feuilles de nori
80 g de germes de haricots mungo (soja vert)
200 g de riz demi-complet cuit
200 g de tofu fumé ou épicé
4 c. à s. bombées de jeunes pousses de tournesol
2 pincées de paprika, sel

sauce miso-cacahuètes pour les rouleaux de printemps
1 c. à s. de purée de cacahuètes
1 c. à c. de miso

Pour les rouleaux de printemps :
Dans un saladier, mélangez le riz cuit avec le tofu fumé que vous écrasez à la fourchette. Ajoutez les germes de haricots mungo et les jeunes pousses de tournesol, assaisonnez de sel et de paprika.

Coupez chaque feuille de nori en quatre bandes d'environ 4 ou 5 cm de largeur. S'il s'agit de feuilles de riz sèches : posez sur un linge humide, humectez d'eau, dès que la galette se ramollit, procédez au garnissage. Pour des feuilles de riz fraîches (que l'on trouve au rayon frais bio), cette opération pour réhydrater la galette est inutile.
Déposez une bande de nori verticalement au milieu de la feuille de riz en l'alignant sur le bas du cercle. Posez quelques cuillerées de farce dans la partie supérieure en formant une quenelle à l'horizontale. Rabattez le côté gauche et le côté droit de la feuille de riz sur la garniture, rabattez également le bas, et roulez vers le haut en tassant bien pour former le rouleau de printemps.

Préparez la sauce miso - cacahuètes : dans un petit bol, délayez la purée de cacahuètes en incorporant trois cuillerées à soupe d'eau. Ajoutez le miso et mélangez bien en ajoutant une à deux cuillerées à soupe d'eau.

Pour la mousse de betterave :
Épluchez la betterave et coupez-la en petits morceaux dans un robot à lame (petit bol hachoir) avec la cébette coupée en rondelles, mixez pour obtenir un hachis. Ajoutez alors le fromage blanc de soja et l'huile de colza, salez. Mixez jusqu'à obtention d'une crème homogène.

Pour la salade :
Lavez les feuilles de laitue. Dans un saladier, versez l'huile de tournesol et le jus de citron, salez et ajoutez la gousse d'ail écrasée. Remuez la sauce en enrobant les feuilles de laitue.

Préparez les assiettes en disposant dans chaque assiette deux rouleaux de printemps que vous nappez de sauce miso-cacahuètes et la salade verte parsemée de graines de quinoa germé. Déposez quelques cuillerées de mousse de betterave dans une feuille de laitue.

Rémoulade de graines germées et choucroute lacto-fermentée ›

L'huile de colza enrobe de douceur la choucroute crue et le curcuma en poudre lui apporte de chauds parfums. Pour la rémoulade de graines germées, la sauce est crémeuse et fondante grâce à de la purée de noisettes. Fantaisie à déguster du regard : la betterave et le radis noir sont présentés en ronde de fines lamelles au bord de l'assiette.

200 g de choucroute crue lacto-fermentée
4 c. à s. d'huile de colza
2 pincées de curcuma poudre
4 c. à s. de fenugrec germé

rémoulade de graines germées :
100 g de germes de haricots mungo (soja vert)
50 g de jeunes pousses de tournesol
3 c. à s. de purée de noisettes
6 c. à s. de fromage blanc de soja
sel

1 betterave rouge
1 petit radis noir

Dans un saladier, versez l'huile de colza et mélangez avec le curcuma. Ajoutez la choucroute et le fenugrec germé.

Dans un autre saladier, préparez la rémoulade. Versez la purée de noisettes qui doit être suffisamment fluide (à température ambiante) pour se mélanger facilement au fromage blanc de soja. Salez légèrement. Mélangez avec les germes de haricots mungo et les jeunes pousses de tournesol.

Épluchez ou brossez la betterave et le radis noir. Utilisez une mandoline pour les trancher en lamelles extrêmement fines. Disposez-les en rosace tout au bord de l'assiette : faites une moitié de l'assiette avec les lamelles de betteraves et l'autre moitié avec celles de radis noir.
Côté radis noir, déposez la choucroute au curcuma et le fenugrec germé.
Côté betterave, déposez la rémoulade de graines germées.

Composition de crudités d'hiver, son petit verre de lait de noisettes ›

Une boisson réalisée à base de noisettes trempées la veille, à servir dans un petit verre comme un apéritif et entouré d'une variété de légumes d'hiver. Le parfum des noisettes se découvre sous plusieurs formes : goût frais des noisettes trempées la veille et à croquer, douceur du lait de noisettes et onctuosité de la sauce à la purée complète.

4 endives
1 petit céleri-rave
300 g de champignons de Paris
4 à 6 grosses c. à s. de lentilles corail germées
4 petits pains essène

la sauce pour crudités :
4 c. à s. de purée de noisettes
4 c. à s. de tamari (sauce de soja)
8 à 10 c. à s. d'eau

le lait de noisettes :
200 g de noisettes décortiquées

La veille, faites tremper les noisettes en les recouvrant de deux fois leur volume d'eau.
Le lendemain, préparez le « lait » de noisettes :
Rincez les noisettes, réservez-en une douzaine entières. Versez toutes les autres dans le bol blender du robot, recouvrez-les d'eau et mixez jusqu'à obtention d'une crème fine. Passez au travers d'une passoire pour recueillir le lait (réservez la pulpe à part, elle pourra vous servir pour réaliser des galettes végétales ou être incorporée dans une crème ou un gâteau). Versez le lait ainsi obtenu dans des verres ou des tasses.

Préparez la sauce pour accompagner les crudités : délayez la purée de noisettes avec la sauce de soja et mélangez avec quelques cuillerées d'eau.

Nettoyez les champignons et émincez-les en fines lamelles. Pour éviter qu'elles ne s'oxydent, arrosez de quelques gouttes de citron.

Épluchez le céleri-rave et râpez-le finement. De la même façon que pour les champignons, on peut éviter l'oxydation du céleri-rave en mélangeant quelques gouttes de jus de citron.

Coupez les endives en quartiers dans le sens de la longueur, ôtez la base qui parfois révèle de l'amertume. Émincez-les dans chaque assiette.

Disposez toutes les crudités et les lentilles corail germées que vous pourrez napper avec la sauce noisettes-tamari. Parsemez de quelques noisettes entières que vous coupez grossièrement au couteau. Ajoutez un petit pain essène. Servez le lait de noisettes à côté.

Taboulé pour l'été et ses crudités ›

Des couleurs éclatantes pour cette assiette : entre guacamole à la courgette, tomates aux fines pousses de fenouil germé et taboulé de persil au quinoa germé. Pour l'accompagner, vous pourrez choisir des galettes esséniennes, elles se présentent comme de fines galettes (crêpes) sèches très différentes des pains éssènes (beaucoup plus denses).

4 tomates bien mûres (variétés anciennes)
3 c. à s. d'huile d'olive
5 c. à s. de fines pousses de fenouil germé
2 pincées de sel de céleri

tapenade d'olives noires et petits pains ou galettes esséniens

le taboulé de persil :
1 verre de quinoa germé
1 demi-verre de sésame germé
1 botte de persil plat
1 oignon blanc
4 c. à s. d'huile de sésame

le guacamole à la courgette :
3 avocats
2 c. à s. de jus de citron
1 petite courgette
sel aux herbes

Épluchez les tomates et coupez leur chair en minuscules dés dans un saladier, enrobez en versant l'huile d'olive, assaisonnez avec le sel de céleri.

Hachez finement le persil et l'oignon blanc, mélangez dans un saladier avec le quinoa et le sésame germés. Pour enrober l'ensemble versez un filet d'huile de sésame. Salez si nécessaire.

Coupez les avocats en quartiers, ôtez leur peau et leur noyau, écrasez-les à la fourchette en arrosant de jus de citron. Salez.
Lavez la petite courgette et râpez-la. Incorporez la courgette à la purée d'avocats.

Préparez quatre assiettes en disposant dans chacune d'entre elles :
- quelques fines galettes esséniennes (ou un petit pain essénien) et une cuillerée de tapenade
- un dôme de taboulé de persil
- quelques cuillerées de guacamole à la courgette râpée
- la salade de tomates que vous parsemez de fines pousses de fenouil germé.

Laitue aux germes de lentilles, huile de noix et curcuma

Les lentilles vertes germées ont un goût un peu fort, on les mariera avec des saveurs douces et fondantes comme celles de l'avocat et en dosant à peu près une cuillerée à soupe par convive.

1 laitue
1 avocat
4 ou 5 c. à s. bombées de lentilles vertes germées

pour la sauce à salade
5 c. à s. d'huile de noix
1 pincée de curcuma
sel

Dans un saladier, versez l'huile de noix, délayez avec la poudre de curcuma et salez.

Avant d'être mélangées à la salade, les lentilles peuvent être blanchies comme dans les conseils en page 33.

Ajoutez les feuilles de laitues lavées et égouttées, l'avocat coupé en petits cubes ainsi que les lentilles germées. Mélangez le tout. Dégustez aussitôt.

Les graines germées

dans les plats

Salade aux deux lentilles

Un reste de lentilles vertes déjà cuites peut se transformer en salade en les mélangeant à une sauce onctueuse réalisée grâce à de la crème d'avoine liquide (une préparation qui se présente en petite brique et s'utilise un peu comme la crème de soja liquide). Les lentilles germées donnent une autre dimension au plat en apportant une touche croquante et tonique.

1 bol de lentilles vertes déjà cuites
15 cl de crème d'avoine liquide
2 c. à s. d'huile de sésame
sel, 1 pincée de curry

5 c. à s. bombées de lentilles germées

Placez les lentilles germées dans un panier pour les attendrir à peine quelques instants à la vapeur ou ébouillantez-les dans une casserole d'eau.

Dans un saladier, préparez la sauce : mélangez l'huile de sésame avec le curry et le sel. Incorporez la crème d'avoine liquide. Mélangez bien avec les lentilles vertes déjà cuites. Parsemez la salade avec les lentilles germées, servez aussitôt.

Salade tiède de pois germés et de blettes à la vinaigrette d'umé ›

Le jus d'umé est un condiment qui s'utilise comme un vinaigre, c'est un jus acidulé issu des petites prunes japonaises umébosis. Son parfum est fleuri et évoque la cerise. Cette salade de blettes sera servie tiède, les arômes de la sauce auront plus d'ampleur et les pois chiches seront fondants.

le vert d'une dizaine de côtes de blettes
1 bol de pois chiches germés

pour la vinaigrette d'umé
2 c. à s. de jus d'umé
6 c. à s. d'huile de tournesol ou de sésame

Procédez comme en page 22 pour utiliser des pois chiches après 3 jours de germination.

Lavez et coupez les feuilles de blettes en lanières aux ciseaux. Placez-les dans le panier d'une cocotte à fond épais avec les pois chiches germés et faites cuire sur feu réduit à la vapeur douce pendant 10 à 15 minutes.

Versez le jus d'umé dans un saladier, incorporez les cuillerées d'huile, une à une. Cette sauce n'a pas besoin de plus d'assaisonnement, à peine une pointe de sel selon les goûts.
Ajoutez les blettes et les pois chiches germés, mélangez et servez aussitôt.

Terrine de fenouil

Un flan de légumes très léger qui fait découvrir le goût du fenouil sous deux formes, en bulbe et en fines pousses.

2 bulbes de fenouil
1 carotte
1/2 verre d'eau
3 œufs
1/2 verre de lait de riz
1 c. à c. de graines de carvi
4 c. à s. de fines pousses de graines de fenouil germées
2 c. à s. d'huile d'olive
sel

Tranchez les fenouils et la carotte en rondelles. Faites-les cuire à l'étouffée dans une cocotte à fond épais en rajoutant un peu d'eau (le verre servant de mesure est d'une contenance de 15 cl). Salez légèrement.

Quand les légumes sont cuits, conservez leur jus de cuisson de côté. Mixez-les en purée en ajoutant le lait de riz. Laissez refroidir un peu avant d'ajouter les œufs. Mixez de nouveau.
Faites préchauffer le four à thermostat 7.

Huilez un moule à cake, saupoudrez les graines de carvi dans le fond du plat. Versez le mélange de légumes et enfournez pendant 25 minutes.

Dans un petit bol, versez l'huile d'olive, incorporez le jus de cuisson et rectifiez l'assaisonnement. Ajoutez les fines pousses de fenouil.

Dégustez la terrine chaude assaisonnée de sauce.
Servie froide, elle sera plus facile à couper en tranches pour une entrée.

Omelette en brouillade gourmande ›

Vous pouvez remplacer la crème de soja épaisse par la forme liquide ou par un lait végétal (soja, riz..), l'omelette aura une consistance différente, moins ferme.

base pour 2 personnes :

3 œufs
3 grosses c. à s. de crème de soja épaisse
sel aux herbes
2 c. à s. de blé ou de tournesol germé
3 c. à s. de fines pousses d'alfalfa germé

Battez les œufs à la fourchette avec la crème de soja épaisse, salez et versez dans une poêle chaude et huilée. Couvrez.

Dès que l'omelette commence à être prise, parsemez de graines germées de blé que vous mélangez superficiellement avec une fourchette.

Maintenez un feu doux. Ôtez du feu, éparpillez les fines pousses d'alfalfa sur l'omelette et servez aussitôt.

Risotto crémeux au tournesol

C'est après cuisson du riz que l'on ajoutera les graines germées de tournesol. Un accompagnement douillet pour les sautés de légumes aux champignons, les courgettes et autres légumes cuits vapeur...

2 verres de riz rond demi-complet (240 g)
4 verres d'eau (60 cl)

2 grosses c. à s. de purée d'amandes blanches
2 verres d'eau (30 cl)
sel, poivre, muscade
3 c. à s. de tournesol germé

Versez le riz et l'eau dans une casserole. Placez sur feu très doux et posez un couvercle.

Délayez la purée d'amandes en ajoutant l'eau, vous pouvez utiliser un bocal avec couvercle par exemple pour secouer vigoureusement et obtenir un lait bien onctueux.
Quand l'eau du riz est entièrement absorbée, versez le lait d'amandes. Couvrez et laissez le riz gonfler 5 minutes hors du feu.

Juste avant de servir le risotto, posez la casserole sur feu doux en remuant pour éviter que cela attache, salez, poivrez, poudrez de muscade et incorporez les graines de tournesol germé.
Dégustez bien chaud.

Riz et graines germées en paella ›

Ce riz cuisiné aux légumes est enrichi après cuisson d'un mélange de graines germées. Je mets souvent des lentilles corail pour équilibrer ce plat et mettre de la couleur, mais vous pouvez très bien les remplacer par d'autres graines germées.

2 verres de riz thaï demi-complet (240 g)
4 verres d'eau (60 cl)
1 poivron rouge
1 fenouil
1 c. à s. d'un mélange d'épices pour paella
1 échalote
4 c. à s. d'huile d'olive
3 c. à s. de lentilles corail germées
2 c. à s. de blé germé

Faites revenir dans l'huile d'olive le poivron, le fenouil et l'échalote coupés en lamelles, poudrez d'épices. Ajoutez le riz en remuant. Couvrez d'eau, salez et laissez mijoter à couvert pendant 20 minutes à feu doux.

Lorsque le riz a absorbé tout le bouillon éteignez le feu, laissez-le gonfler 5 minutes à couvert après l'avoir parsemé avec les graines germées.

Galettes végétales

Façon escalopes végétales, cette préparation peut être enrichie par d'autres légumes râpés ou hachés, ou de fines herbes du jardin. Le blé germé donne un goût très sucré qui compense la légère amertume du sarrasin utilisé en farine.

1 verre de farine de sarrasin
2 verres d'eau (30 cl)
1 verre de blé ou d'épeautre germé
2 échalotes
1 petite carotte
quelques feuilles de persil
2 pincées de sel

Délayez la farine de sarrasin avec l'eau, salez et ajoutez le blé germé.
Hachez les échalotes et la carotte que vous incorporez dans la pâte.

Posez sur feu doux une poêle bien huilée. Lorsqu'elle est chaude, versez une petite louche de pâte. Formez ainsi 2 ou 3 galettes dans la poêle. Couvrez.
Quand la première face est cuite et un peu dorée, retournez les galettes.
Servez bien chaud en accompagnement de légumes.

Galettes de quinoa et graines germées de poireaux ›

Les fines pousses au goût relevé comme celles de poireaux, d'oignon, de radis... peuvent être de temps en temps incorporées dans vos mélanges de flocons et céréales pour réaliser des galettes végétales. Comme un remplacement de fines herbes !

8 c. à s. de quinoa déjà cuit
4 c. à s. de flocons de pois chiches
4 c. à s. de lait de riz
6 champignons de Paris
1 échalote
2 œufs
4 c. à s. de fines pousses de graines de poireaux germées

Versez les flocons de pois chiches dans un saladier, mouillez avec le lait de riz.
Épluchez et coupez finement l'échalote et les champignons.
Mélangez le quinoa avec les flocons de pois chiches, ajoutez les œufs, les champignons, l'échalote et les pousses de poireaux. Salez.

Placez une poêle huilée sur feu doux, dès qu'elle est chaude, versez la préparation. Couvrez. Après 5 à 10 minutes, la première face est cuite et la galette un peu figée, à l'aide d'une spatule coupez en quatre pour retourner facilement les portions et procéder à la cuisson de l'autre côté.

Crêpes fourrées

Il existe des mélanges de graines à germer comme celui de radis, moutarde et alfalfa qui conviennent parfaitement pour la garniture de crêpes. Prêtes à être dégustées, vous aurez aussi le choix avec des associations toutes prêtes en barquette comme celle de fenouil et d'alfalfa.

pour une dizaine de crêpes :
200 g de farine de sarrasin
50 à 60 cl de lait de soja

garniture :
3 carottes
1 courgette ou 1 poireau
1 oignon blanc
4 c. à s. d'huile d'olive
4 c. à s. de fines pousses d'alfalfa germé
3 c. à s. de fines pousses de graines de radis germées (ou de poireaux, de fenugrec)

Délayez la farine en incorporant le lait de soja. Cette pâte peut se préparer à l'avance, si elle épaissit, rallongez avec un peu plus de lait végétal. Il n'est pas nécessaire de la laisser lever.

Pour la garniture :
Passez tous les légumes au robot pour les hacher finement (on peut aussi les râper). Faites-les fondre doucement dans une poêle sur feu doux avec l'huile d'olive. Cette cuisson peut se faire à l'étouffée. Salez.

Préparez les crêpes dans une poêle bien chaude et huilée, en étalant la pâte avec une spatule.
Garnissez chacune d'entre elles avec la compotée de légumes, ajoutez quelques pincées de fines pousses d'alfalfa, radis, poireaux... et repliez la crêpe. Dégustez aussitôt.

Salade d'aubergines en taboulé ›

Beaucoup de persil haché dans cette salade au blé germé pour rappeler les recettes traditionnelles de taboulé. Les aubergines sont parfumées au cumin et cuites à l'étouffée à l'huile d'olive pour apporter un côté fondant à cette composition.

2 aubergines
1 c. à c. de cumin en poudre
5 à 6 c. à s. d'huile d'olive
1 oignon blanc
1 botte de persil plat
8 c. à s. bombées de blé (ou épeautre) germé
sel

Épluchez les aubergines et coupez-les en petits dés.
Dans une sauteuse, versez l'huile d'olive et faites revenir les aubergines en poudrant de cumin et de sel. Couvrez quelques instants jusqu'à ce que les morceaux soit fondants.

Dans un saladier, mettez le persil haché ainsi que l'oignon épluché et tranché très finement. Ajoutez le blé germé et les aubergines cuites encore tièdes. Salez un peu si besoin.
Mélangez bien l'ensemble de façon à faire ressortir les parfums. Laissez refroidir.

Ratatouille et blé germé

Cette ratatouille aux olives est enrichie en fin de cuisson de blé germé. Elle se dégustera chaude ou froide dans les assiettes estivales. Le blé pourra être remplacé par de l'épeautre.

2 aubergines
3 courgettes
1 poivron rouge
2 gousses d'ail
5 c. à s. d'huile d'olive
1 feuille de laurier
une dizaine d'olives noires
6 c. à s. de blé germé

Épluchez les aubergines et coupez-les en petits cubes. Tranchez le poivron rouge en fines lamelles. Détaillez les courgettes en dés.

Versez l'huile d'olive dans une cocotte à fond épais, ajoutez l'ail écrasé et les cubes d'aubergines. Mélangez, rajoutez les courgettes, le poivron rouge et la feuille de laurier.

Mettez à cuire à couvert et sur feu doux environ 25 minutes. Quand les légumes commencent à être tendres, ajoutez les olives et le blé germé. Salez et éteignez le feu.

Purée légère et fines pousses ›

Toutes les purées de légumes prendront un air encore plus appétissant lorsqu'elles se décorent dans l'assiette de fines pousses vertes. Pour accompagner un sauté de tofu aux noix de cajou, un curry de carottes au tempeh....

2 courgettes
4 pommes de terre
2 c. à s. de purée d'amandes blanches
sel
4 c. à s. de fines pousses de cressonnette germée (ou d'alfalfa)

Épluchez les pommes de terre et coupez-les en morceaux ainsi que les courgettes. Détaillez les pommes de terre en morceaux plus petits que les courgettes pour équilibrer le temps de cuisson.
Placez les légumes dans une cocotte à fond épais en couvrant à peine d'eau. Mettez à cuire environ 25 minutes sur feu doux.

Passez au moulin à légumes en rajoutant plus ou moins de bouillon de cuisson pour obtenir la consistance souhaitée. Salez et incorporez la purée d'amandes qui doit être bien fluide pour fondre facilement. Si ce n'est pas le cas diluez-la au préalable dans quelques cuillerées de bouillon chaud.

Dégustez en parsemant de fines pousses de cressonnette ou d'alfalfa.

Cocotte de haricots verts

Les petites pousses de graines de poireaux germées ont un goût assez fort, un passage rapide sur le feu avec la sauce de soja va les attendrir et fera l'assaisonnement du sauté de légumes.
On peut les remplacer et procéder de la même façon avec des fines pousses d'oignon.

500 g de haricots verts
1 concombre
1 courgette
3 c. à s. de fines pousses de graines de poireaux germées
2 c. à s. de tamari (sauce de soja)
2 c. à s. de sésame blanc

Effilez les haricots verts et coupez-les en tronçons de 3 ou 4 cm de long. Coupez la courgette et le concombre en larges rondelles. Procédez à une cuisson vapeur en mettant les haricots verts en premier (5 minutes avant les courgettes et concombre).

Dans une sauteuse, versez la sauce de soja, ajoutez les pousses de poireaux, remuez rapidement sur feu vif et ajoutez les légumes cuits : haricots verts, courgette et concombre. Pour un joli contraste sur les légumes verts, parsemez de graines de sésame blanc (à la différence du sésame complet, celui-ci a été décortiqué).
Servez aussitôt.

Pommes de terre sautées à l'oignon vert

Les jeunes pommes de terre sont cuites au préalable à la vapeur de façon à obtenir une poêlée légère, dorée et croustillante avec peu de matière grasse. Les petites pousses d'oignon donnent un piquant frais et tendre à ce plat printanier.

1 kg de petites pommes de terre nouvelles
3 ou 4 c. à s. de fines pousses de graines d'oignon germées
margarine végétale ou huile d'olive
sel aux herbes

Choisissez de toutes petites pommes de terre nouvelles. Brossez-les et faites-les cuire à la vapeur.

Placez une grande poêle sur le feu avec la valeur de deux noix de margarine végétale ou trois cuillerées à soupe d'huile d'olive. Versez les pommes de terre cuites, mélangez, poudrez de sel aux herbes.

Laissez dorer les pommes de terre et rajoutez au dernier moment les fines pousses d'oignon. Servez aussitôt.

Des graines germées

et des « fromages »

Petit frais aux graines germées

Remplacez l'ail et la ciboulette... Dans les fromages frais végétaux ou petits fromages de chèvre, utilisez les petites pousses comme des fines herbes ou des aromates. C'est une façon tout à fait extraordinaire d'assaisonner et de marier des saveurs.

1 fromage de chèvre frais (ou 1 fromage végétal à base de soja)
1 c. à s. de fines pousses d'alfalfa germé (ou de radis, de moutarde, d'oignon)
1 c. à s. de noisettes concassées

Étalez les noisettes concassées dans une assiette, posez le fromage de chèvre en le roulant pour faire adhérer les noisettes sur les côtés. Recouvrez le dessus de fines pousses.
Les noisettes sont un ajout facultatif, mais j'ai trouvé intéressant de marier le croquant des noisettes avec le fondant crémeux du fromage et la saveur fraîche des graines germées à feuilles.
Une saveur douce avec de l'alfalfa, piquante si on choisit le radis... c'est selon les goûts !

Cubes de tofu au sésame ›

Le tofu est aussi appelé « fromage de soja ». Lorsqu'il est nature, son goût est un peu fade. Mais une fois assaisonné et relevé de graines germées, il peut être transformé en étonnantes bouchées à servir à l'apéritif ou sur le plateau des fromages.
Pour donner une autre dimension à la dégustation du sésame germé, j'ai utilisé du gomasio, un mélange de sésame grillé broyé avec du sel.

pour 1 pavé de tofu nature de 100 g :
1 c. à c. de graines de pavot
3 c. à s. de graines de sésame germé
1 c. à s. de gomasio

Découpez le tofu en cubes d'un centimètre et demi de côté.
Dans une assiette plate, mélangez ensemble le gomasio et le sésame germé (rincé et égoutté). Posez les cubes de tofu en faisant adhérer sur les faces humides le mélange de sésame.

Disposez les dés de tofu dans une grande assiette, pour créer un contraste de couleur, parsemez de quelques grains de pavot sur chacun d'eux. Piquez avec des bâtonnets en bois.

Crémeux de soja

La crème de soja épaisse est une préparation onctueuse qui se travaille avec un assaisonnement pour obtenir un véritable « fromage » frais végétal. Relevé par le goût épicé des graines germées que vous choisirez, il ira parfaitement pour tartiner ou faire des trempettes de légumes.

1 pot de 235 g de crème de soja épaisse
3 c. à s. de fines pousses d'alfalfa germé (ou de moutarde, de cressonnette)
sel aux herbes
2 c. à s. d'huile de noix, de noisettes ou de sésame

Versez l'huile et deux pincées de sel dans un bol, ajoutez la crème de soja épaisse et remuez vigoureusement pour obtenir une préparation bien homogène.
Ajoutez l'alfalfa et servez aussitôt.

L'ajout de poivre dans ces crèmes à tartiner est souvent inutile si on veut goûter aux saveurs des petites pousses et découvrir le tempérament relevé de certaines d'entre elles.

Tartines et vertes pousses sens dessus-dessous ›

Sur ces tartines, les pousses se goûtent à la fois crues, et saisies, sous le fromage fondu. Les parfums se développent et se prolongent ainsi de façon différente quand vous allez savourer les jeunes pousses de graines d'oignon germées, de roquette ou de poireaux...

pour 2 tartines

2 grandes tranches de pain de petit épeautre
1 fromage de chèvre
3 c. à s. bombées de fines pousses de graines d'oignon germées (ou de poireaux)

Disposez la moitié des fines pousses sur les tranches de pain. Par-dessus, étalez des lamelles de fromage. Passez quelques minutes sous le grill du four.

Lorsque le fromage est fondu, servez aussitôt en décorant avec le restant des fines pousses.

Blanc battu aux fines pousses

Un simple yaourt de soja battu avec une belle huile végétale peut être servi comme une sauce pour accompagner une salade ou comme un « fromage frais » avec quelques crudités.

pour 1 yaourt de soja nature :
1 c. à s. de fines pousses de graines de fenouil germées
2 c. à s. d'huile de carthame
sel

ou

pour 1 yaourt de soja nature :
1 c. à s. de fines pousses de graines de radis germées
2 c. à s. d'huile de colza
sel

Mélangez l'huile, une pincée de sel et le yaourt de manière à obtenir une crème homogène. Versez dans des petits ramequins, parsemez de pousses de fenouil ou de radis.

Déposez un ramequin dans chaque assiette en disposant un choix de crudités tout autour.

Sandwich au tofu fumé ›

Les graines germées à feuilles et les jeunes pousses font un agréable complément ou même substitut à la salade qui est glissée dans les sandwichs. En plus d'une saveur tonique, leur richesse nutritionnelle enrichira le repas pris sur le pouce !

pour la sauce :
voyez la recette « crémeux de soja » page 98, en utilisant des fines pousses de moutarde germée.

des tranches de pain de petit épeautre
200 g de tofu fumé
1 concombre
6 c. à s. de jeunes pousses de tournesol
quelques feuilles de salade verte

Épluchez le concombre à moitié. Tranchez-le à l'aide d'une mandoline en rondelles très fines. Coupez le pavé de tofu fumé en fines tranches d'un demi-centimètre d'épaisseur.

Garnissez les sandwichs avec une couche de concombre, tartinez de sauce aux fines pousses de moutarde germée, posez deux feuilles de salade, éparpillez des jeunes pousses de tournesol et terminez en posant des lamelles de tofu fumé.

Les desserts, les fruits et

les graines germées

Compote de poires et blé germé

Les graines germées de blé ont un goût naturellement sucré qui permet de les associer dans les desserts ou goûters.

8 poires
5 c. à s. de blé ou épeautre germé

Coupez tous les fruits en quartiers dans une cocotte à fond épais. Couvrez et faites cuire sur feu très doux pendant 25 minutes. Mixez (ou non selon les goûts) et laissez refroidir.

Mélangez le blé germé avec la compote et servez dans des coupes.

Pommes cuites fourrées au sésame germé ›

Les pommes cuites à l'étouffée pourront aussi être préparées au four selon leur variété, en particulier les reinettes.

5 pommes
10 abricots secs
5 c. à s. de miel
6 c. à s. de sésame germé
2 pincées de cannelle en poudre

Évidez le cœur des pommes et fourrez-les avec deux abricots secs. Posez-les dans une cocotte à fond épais avec quelques cuillerées d'eau. Couvrez et faites cuire sur feu très doux pendant 20 à 30 minutes.

Mélangez le miel, la cannelle et le sésame germé. Lorsque les pommes sont cuites, déposez-les dans chaque assiette en glissant une cuillerée du mélange sésame-miel sur les abricots. Dégustez tiède.

Dattes fourrées... aux dattes

Des mignardises très saines, énergétiques et faciles à emporter en pique-nique et randonnée. Les dattes fraîches medjool sont particulièrement excellentes, leur chair est pulpeuse et fondante.

une douzaine de dattes fraîches

fourrage :
5 à 6 c. à s. de tournesol germé
3 c. à s. de sésame complet germé
6 à 8 dattes

sirop d'agave

Dans un mixeur, préparez le fourrage : mettez les graines germées rincées et égouttées ainsi que les dattes. Mixez pour obtenir une pâte.

À l'aide d'un couteau, fendez toutes les autres dattes et ôtez les noyaux. Fourrez chaque datte avec une noisette de pâte aux graines germées.

Si vous préparez une assiette de mignardises pour un repas de fêtes, vous pouvez faire briller les fruits garnis en glissant un peu de sirop d'agave avec le dos d'une cuillère. Le sirop d'agave peut être remplacé par du miel mais ce sera plus sucré.

Mousse aux pignons et tournesol germé ›

Voici une préparation étonnante avec un flan à l'agar-agar. Une fois figé, celui-ci est mixé avec les graines germées et se transforme en entremets mousseux et léger. Peu sucrée et légère, cette mousse peut accompagner un gâteau et remplacer une crème anglaise. Dégustée seule au dessert, elle est plus savoureuse lorsqu'elle est rehaussée de ce petit mélange pignons et sirop de riz.

1 litre de lait végétal amandes-noisettes
4 g d'agar-agar en poudre
8 à 10 c. à s. de tournesol germé
6 c. à s. de pignons
4 à 6 c. à s. de sirop de riz

Dans une casserole, délayez l'agar-agar en ajoutant le lait de végétal. Placez sur feu doux en remuant fréquemment. Quand la préparation commence à mijoter, comptez 3 minutes puis versez dans un saladier.
Laissez refroidir au frigo environ 2 heures jusqu'à ce que le flan soit complètement gélifié.

Faites dorer à sec les pignons dans une poêle.

Versez les graines germées de tournesol dans le bol mixeur du robot et ajoutez le flan. Mixez assez longuement, vous allez obtenir une émulsion mousseuse, une crème vraiment onctueuse. Versez dans des coupes et placez au frigo 30 minutes, c'est à peu près le temps nécessaire pour que la crème prenne une consistance aérée et mousseuse. Versez dans des coupes, parsemez de pignons dorés et nappez de sirop de riz.

Les Milk-shake végétaux aux graines germées

On pourrait broyer les graines germées avec un peu d'eau, puis diluer pour en faire une boisson, simplement en utilisant un lait végétal tout prêt (à la place de l'eau) on obtient une saveur plus facile à adopter.

Le lait de riz a ma préférence, il est naturellement doux, sa saveur sucrée se marie bien avec certaines petites graines. Vous pouvez utiliser d'autres laits végétaux : d'amandes, de noisettes, de quinoa, d'épeautre... au gré de vos envies en les mariant avec des graines germées « douces » (blé, épeautre, tournesol...) qui vont donner un goût légèrement sucré.

La proportion est d'un verre de lait végétal pour environ 2 cuillerées à soupe de graines germées. En général, il n'est pas nécessaire de sucrer, le mélange est suffisamment goûteux pour se passer d'un ajout de sucre. Mais si vous préférez, choisissez un sucre liquide, comme du sirop d'agave ou un sirop de céréales, fluides, ils se fondront facilement dans le milk-shake.
Au préalable, placez le lait végétal au frigo pour obtenir une boisson fraîche mais non glacée.

• Mixez du lait de riz avec quelques pincées de graines germées de tournesol.
• Mixez du lait d'avoine avec quelques pincées de graines germées de blé ou d'épeautre.
• Mixez du lait d'épeautre avec quelques pincées de graines germées d'épeautre.

Melon jaune en salade ›

Le melon jaune bien mûr est souvent très sucré. Sa chair blanche et fondante se marie de façon surprenante avec le goût anisé des fines pousses de fenouil. Un duo qui sera servi sur les buffets pour étonner quelques palais.

1 melon jaune (environ 800 g)
5 à 6 c. à s. de fines pousses de graines de fenouil germées

Épluchez et ôtez les graines du melon. Coupez-le en cubes dans un saladier et parsemez de pousses de fenouil.

Yaourt végétal pour une collation

Petit déjeuner, pause ou goûter, voici une collation pour se requinquer.
Pour un dessert, vous pourrez remplacer le yaourt par un fromage blanc de soja fouetté avec un filet de sirop d'agave

pour 1 yaourt de soja :
1 c. à s. de raisins secs
2 c. à s. de fines pousses d'alfalfa germé

La veille ou quelques heures avant, faites tremper les raisins secs dans un verre d'eau. Égouttez-les avant de les mélanger au yaourt végétal, parsemez d'alfalfa.

Crème de banane pour petit déjeuner ›

Vite faite, cette crème permet de prendre ensuite le temps de savourer la simplicité des saveurs... Un moment pour apprécier le sucré de la banane, l'onctuosité de la crème tout en goûtant aux graines de tournesol toutes tendres.

pour 1 banane :
4 à 5 c. à s. de fromage blanc de soja
3 à 4 c. à s. de tournesol germé

Épluchez et écrasez la banane, incorporez le fromage végétal de façon à obtenir une crème. Parsemez de tournesol germé. Dégustez sans attendre.

Les jus d'herbe

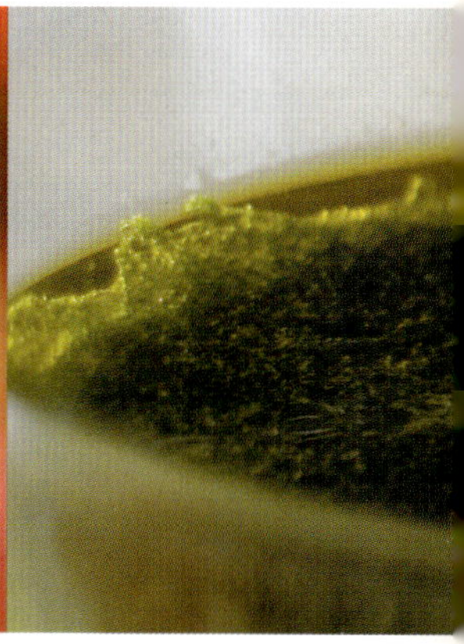

Gaspacho tonic

Pas de tomates dans ce drôle de gaspacho où le vert est à l'honneur. Je suggère un léger passage à la vapeur pour attendrir les légumes, la soupe sera plus facile à mixer finement.

2 jeunes courgettes
2 concombres
1 gousse d'ail
1 petit oignon blanc
3 c. à s. de jus d'herbe d'orge en poudre

Épluchez le concombre, coupez-le en morceaux ainsi que les courgettes. Posez-les dans le panier d'une cocotte et faites précuire à peine 5 minutes à la vapeur avec la gousse d'ail et l'oignon épluchés.
Versez tous les légumes dans le bol blender du robot, ajoutez le jus d'orge en poudre, couvrez d'eau froide et mixez.
Ajoutez une pointe de sel et plus ou moins d'eau froide pour obtenir la consistance souhaitée pour une soupe. Versez dans des petits bols.

Vinaigrette d'herbe d'orge ›

Une sauce pour napper les crudités ou de jeunes blancs de poireaux cuits à la vapeur, enrober une salade de haricots verts ou des courgettes râpées.

1 c. à c. de jus d'orge en poudre
1 c. à c. d'eau
4 c. à c. d'huile de colza
sel aux herbes

Dans le fond d'un saladier, délayez le jus d'orge en poudre avec l'eau, émulsionnez en ajoutant l'huile de colza. Salez légèrement.

Potage tiède à la minute

Facile et prêt immédiatement, ce consommé est en quelque sorte assaisonné grâce à la sauce de soja, tandis que le jus d'orge donne un goût « légume vert ». J'ai préféré éviter la cuisson du jus d'orge en utilisant une eau tout juste frémissante.

base pour 1 personne
15 cl d'eau
1 c. à s. de tamari (sauce de soja)
1 c. à s. de jus d'herbe d'orge en poudre

Faites chauffer l'eau.
Dans une tasse ou un verre, versez la sauce de soja, diluez la poudre d'herbe d'orge avec une cuillère.
Lorsque l'eau commence à frémir, versez-la dans le verre. Mélangez, dégustez aussitôt. C'est très bon !

Purée de céleri-rave ›

Cette purée légère fait un excellent accompagnement des sautés de tofu aux herbes, des croquettes de céréales et de légumes. Le goût du céleri-rave est discrètement associé à celui du jus d'orge qui lui donne en plus une jolie couleur vert pâle. L'huile de noix peut être remplacée par une excellente huile vierge de pépins de raisins (une huile bio non raffinée et non désodorisée au parfum intact).

1 ou 2 céleris-raves (800 g)
1 rondelle de citron
1 c. à s. de jus d'herbe d'orge en poudre
sel aux herbes
2 à 3 c. à s. d'huile de noix (ou d'olive)

Épluchez les céleris-raves, coupez-les en tranches. Placez-les dans une cocotte à fond épais en les couvrant à peine d'eau. Pressez le jus d'une rondelle de citron et mettez-la dans l'eau, cela permet de conserver un céleri-rave bien blanc.
Faites cuire sur feu doux pendant 15 minutes.

Délayez le jus d'orge en poudre avec quatre ou cinq cuillerées à soupe d'eau en les ajoutant une à une.

Lorsque les morceaux de céleri sont tendres, versez-les dans le bol mixeur du robot ou passez-les au moulin à légumes. Pour obtenir une consistance de purée, ajoutez un peu de bouillon de cuisson. Salez, incorporez l'huile et le jus d'orge.

Bibliographie

Pour en savoir plus :

Santé et vitalité par l'alimentation vivante
Jacques-Pascal Cusin
Éditions Albin Michel
Un ouvrage complet qui éclaire la diététique sous un nouvel angle en bousculant les idées reçues et en proposant les bases saines et simples d'une alimentation vivante.

Vitalité et graines germées
Ludmilla de Bardo
Éditions de Bardo
Pour tout savoir sur les qualités nutritionnelles des graines germées et leurs propriétés.

Le jus d'herbe d'orge
Barbara Simonsohn
Éditions du Chariot d'or
Expériences et études nutritionnelles pour découvrir toutes les ressources de ce jus vert.

Graines germées : livre de cultures
Marcel Monnier
Éditions Vivez Soleil
L'auteur aborde pour chaque graine toutes les techniques de germination.

Ces aliments qui nous protègent, des substances bioactives dans notre assiette
Kathi Dittrich et Claus Leitzmann
Éditions Terre Vivante

Ces étonnantes graines germées
Max Labbé
Éditions Max Labbé

Liste alphabétique des recettes

Tableau de correspondances pour le Québec

Pour éviter de peser les ingrédients, j'ai souvent utilisé les verres et les bols. Voici les correspondances de ces mesures avec les tasses américaines :

1 verre = 150 ml = 2 / 3 de tasse
1 / 2 verre = 75 ml = 1 / 3 de tasse
1 bol = 500 ml = 2 tasses
1 c. à c. = 5 ml = 1 c. à thé
1 c. à s. = 10 ml = 2 c. à thé

Autre correspondance utile : 1 yaourt de soja = 120 g

Remerciements à Jars Céramistes, à Anneyron dans la Drôme, qui nous a prêté la vaisselle des photos pages : 3-4-13-28-29-31-45-55-57-61-63-69-71-73-83-87-91-93-105-109-115-117 et page de couverture.